Legenden der Maya
von
Antonio Medíz Bolio

manesse im dtv

Legenden der Maya
von
Antonio Medíz Bolio

Das Land des Fasans und des Hirsches

Aus dem Spanischen übersetzt
von Hans Boelicke und Fritz Kalmar
Nachwort von Kurt Pahlen

Mit 120 Illustrationen nach
Motiven einer Maya-Handschrift

Deutscher Taschenbuch Verlag
Manesse Verlag

Titel der mexikanischen Originalausgabe:
‹La Tierra del Faisán y del Venado›
Ediciones Botas, Mexico
Illustrationen nach Motiven aus dem
‹Manuscit Troano›

Oktober 1992
2. Auflage März 1993
Deutscher Taschenbuch Verlag GmbH & Co. KG,
München

Gestaltungskonzept: Max Bartholl
Umschlagbild: Kolorierte Buchillustration
Gesamtherstellung: C. H. Beck'sche Buchdruckerei,
Nördlingen
Printed in Germany · ISBN 3-423-24002-4

Prolog von Alfonso Reyes

Dewa, am 5. August 1922

Mein lieber Antonio Medíz Bolio:

Erinnern Sie sich an Madrid?... Wir gingen von der Kanzlei durch jene steile Straße «Marqués de Villamagna», und schon als wir zur Castellana kamen, hatten die Luft und die Sonne, die herbstroten Bäume unseren Geist von allen Bürosorgen gesäubert. Die Note, die zweimal geschrieben werden mußte, der Brief mit dem Dringlichkeitsstempel, damit er das Postschiff am Soundsovielten erreiche, die Reparatur des Drehstuhls, die auf Amtsspesen zu verrechnen ist, der Schreiber, der das ihm anvertraute Register à jour stellen soll — alle diese kleinen Plagen schienen sich im hellen Raume aufgelöst zu haben, und wir bewahrten nur das abstrakte und überlegene Gewissen, den heiteren Stolz getaner Arbeit. In der freien Luft nehmen die Dinge wieder ihre natürlichen Maße an. Unsere Erinnerungen kehrten, wie immer, nach Mexiko zurück.

«Ich träume davon», sagte ich zu Ihnen, «eine Serie von Essays zu beginnen, die sich unter dem Titel ‹Auf der Suche nach der Nationalseele› entwickeln sollen. ‹Die Vision des Anáhuac› kann man als ein erstes Kapitel dieser Arbeit betrachten, in der ich mich bemühen will, aus unserer schrecklichen historischen Fabel die Nutzanwendung zu ziehen und zu deuten; den Puls des Vaterlandes in allen Augenblicken und in allen Menschen, in denen er stärker zu schlagen scheint, zu suchen; von der Brutalität der Tatsachen einen geistigen Sinn zu fordern; die Mission des mexikanischen Menschen auf Erden durch zähe Befragung all der Phantasiegebilde und der Steine unserer Gräber und Denkmäler zu entdecken. Ein Volk rettet sich, wenn es die Botschaft, die es der Welt gebracht hat, zu erkennen vermag, wenn es sich auf einen Pol ausrichten kann, sei er wirklich oder eingebildet; denn das Leben wird vom einen wie vom anderen bestimmt. Die Schöpfung ist kein müßiges Spiel. Jedes Ding verbirgt geheime Beredsamkeit, und man muß es mit Leidenschaft pressen, damit es seinen Hieroglyphensaft läßt. Auf der Suche nach der Nationalseele! Das wäre meine ständige Predigt an die Jugend meines Lan-

des. Diese uneigennützige Rastlosigkeit ist das einzige, was uns nützen und unsere politische Haltung orientieren könnte. Ich weigere mich, die Geschichte als bloße Überlagerung stummer Zufälle zu akzeptieren. Es gibt eine Stimme, die aus der Tiefe unserer vergangenen Schmerzen kommt; es gibt einen unsichtbaren weissagenden Vogel, der noch immer über unserem Chaos von Gehässigkeiten ‹Tihuic, tihuic!› singt. Wem gelingt es, die gemeinsame Stimme aufzufangen, das unformulierte Orakel, das von Jahrhundert zu Jahrhundert rollt, in dessen geheimnisvollen Abwandlungen von Lauten und Begriffen wir alle das Heilmittel für unsere Zwistigkeiten finden würden, die Antwort auf unsere Fragen, den Schlüssel zur nationalen Einigkeit!»

Und Sie, Freund Antonio, der Sie das Wunder der spanischen Kraft, die sich auf unseren Boden ergossen hat, so sehr empfunden und besungen haben, sagten mir:

«Es ist wahr. Wir begnügen uns damit, uns als Söhne des Konfliktes zweier Rassen zu erkennen. Wie der biblischen Frau, so pflegen wir dem Vaterlande zu sagen: ‹Zwei Völker birgt dein Schoß.› Man spricht von der politischen, nicht aber von der geistigen Befreiung des Indios; ich meine: von sei-

ner ausdrücklichen und akzeptierten Einbeziehung als gestaltendes Element unserer heutigen Seele, was eine unerläßliche und der Politik vorangehende Aufgabe ist, so wie es die Idee im Verhältnis zur Tat ist. Alle diese dunklen, von indianischen Großvätern kommenden Stimmen, die in unseren Herzen weinen, haben sich nicht Luft machen können. Vielleicht besteht der erste Teil des Werkes darin, die Überlieferungen der Eingeborenen zu sammeln, so wie sie wirklich auf uns herabgekommen sind, in Erzählungen und Aussprüchen, die unsere kindliche Vorstellung einhüllten.»

Und da begannen Sie – mit dieser einzigartigen Gabe, eine Erzählung zu improvisieren und sie auf ihre wesentlichen Elemente so zu reduzieren, daß sie, obwohl schon Literatur, doch noch die Leichtigkeit und Lebhaftigkeit des Gespräches bewahrt – Ihre alten Geschichten von Yucatán zu erzählen, mit denen sich die theosophischen Studien vielleicht ein wenig vermischt haben.

Von da stammt die Idee des Buches, das Sie heute den Lesern Amerikas bieten.

«Ich habe mich bemüht», so schreiben Sie mir, «eine ‹Stilisierung› des Mayageistes durchzuführen, der Vorstellung, welche – seit Tausenden von

Jahren filtriert – die Indios noch heute von ihrem Ursprung haben, von ihrer vergangenen Größe, vom Leben, von der Gottheit, von der Natur, vom Kriege, von der Liebe, und alles mit der größtmöglichen Annäherung an den Geist ihrer Sprache und ihren jetzigen Seelenzustand auszudrücken. Ich wiederhole, um mich verständlich zu machen, daß ich das Buch in der Mayasprache gedacht und auf spanisch geschrieben habe. Ich habe es gemacht wie ein Indiodichter, der in der Gegenwart lebt und all diese Dinge auf seine eigene Art empfindet. Die Themen sind der Überlieferung entnommen, den Spuren der alten Bücher, der Seele des Indios selbst, seinen Tänzen, seinem heutigen Aberglauben (unklares Überbleibsel der vergangenen großen Religionen) und vor allem dem, was ich selbst in meiner frühen Jugend, die ich inmitten dieser Dinge und Menschen verbrachte, gesehen, gehört, gefühlt und erforscht habe. All dies umgab mich bei meiner Geburt, und der Eindruck entstand, mehr als durch irgend etwas anderes, durch diese Farbe, diese Melancholie der toten Vergangenheit, die, fühllos, sich fühlen läßt in den Ruinen der Städte und in der Traurigkeit des Sohnes der verschwundenen großen Rassen, der eine ständige Beschwö-

rung dessen, was war, vor Augen hat. Eine besondere, bodenständige, geheimnisvolle und aus unendlich fernen Quellen stammende Poesie liegt in all dem. Sie wollte ich mir zunutze machen, und so habe ich diesen ersten Versuch unternommen…

Es mag sein, daß man manchmal im Ausdruck, in den Bildern eine gewisse Ähnlichkeit mit dem Orientalischen findet. Dies ist der Fall, weil alles Vorgeschichtliche von Amerika eine vom asiatischen Orient nicht zu trennende ästhetische und religiöse Bedeutung hat. Und wer weiß, ob nicht der Orient es ist, der Ähnlichkeit mit Amerika aufweist, weil dieses seine Wurzel bildete. Wie immer, diese Eigenart ist nun einmal so und so habe ich sie gelassen.»

Das haben Sie angestrebt und das haben Sie mit Verstand und Geschicklichkeit getan, wie die Seiten, die ich von Ihrem noch unveröffentlichten Buche genießen konnte, beweisen. Meinen wärmsten Glückwunsch! Ich wollte, daß aus jedem Winkel der Republik so die Stimme der Gegend, geläutert und «nützlich», zu uns käme! Im Zusammenspiel all dieser Farbtönungen würde der Regenbogen Mexikos flimmern. Wann werde ich ein Buch sehen, das, zum Beispiel, die Traditionen meiner Gegend vereinigt (alle die bereits volkstümlich gewordenen spanischen, denn in jenem Teile des Nordens gab es keine Zivilisation seßhafter Urbevölkerung), die Verserzählungen von Liebhabern, Helden, Schmugglern; vom sporentragenden «Macario Romero», dessen Ruhm über den Rio Bravo hinausdrang und der noch immer in den Liedern auftaucht, die Professor Espinosa in Oberkalifornien sammelt; vom geheimnisvollen «Weißen Pferde», dem Helden meiner kindlichen Phantasie, dem Banditen, dessen Schlaf stets das weiße Pferd, welchem er seinen Beinamen verdankte, bewachte, so daß man dem galanten Wächter eine Stute zuführen mußte, um den schlafenden Mann zu überfallen.

Aber in Yucatán, der Halbinsel aus Gold, baden sich die ältesten Ruinen der Welt im Sonnenlicht, in einer Umgebung, wo eine schon den Antillen angehörende Sanftheit mit der ungeheuren Tiefe der altertümlichen Mythen kontrastiert. Es ist kein Wunder, daß die Schriftsteller jenes Landes sich von Zeit zu Zeit versucht fühlen, den Schleier der Isis zu zerreißen. Diesmal, mein lieber Antonio, haben Sie das Wort.

Es umarmt Sie herzlich

Alfonso Reyes

ICH STAMME VON DER
ERDE DES MAYAB. SIE IST MEINE MUTTER.
MEINER MUTTER BIETE ICH DIESES BUCH
DAR, ZU KLEIN FÜR SIE, ZU GROSS FÜR MICH

DER FRAU,
DEREN AUGEN LIEBEVOLL ÜBER DIESES
WERK MEINES HERZENS WACHTEN

DEN KINDERN DES MAYAB,
MEINEN BRÜDERN IM BLUTE UND IN DER
HOFFNUNG

Lelí é lá, ú lúumil cutz, ú lúumil ceh,
Mayab ú kabá

Dies ist das Land des Fasans
und des Hirsches,
und Mayab ist sein Name

DAS LAND DES FASANS UND DES HIRSCHES

Vor den sieben Büchern

wird vom Indio des Mayab erzählt

•

Erstes Buch

Dies ist das Buch von Itzmál
und den uralten Dingen

Zweites Buch

Dies ist das Buch von Chichén Itzá
und der Prinzessin Sac-Nicté

Drittes Buch

Dies ist das Buch von Zac-quí
und dem Prinzen Nazúl

Viertes Buch

Dies ist das Buch von Uxmál
und seinem Zwergkönig

Fünftes Buch

Dies ist das Buch der Sieben Tänze

Sechstes Buch

Dies ist das Buch des Wanderers
und der Xtabay

Siebentes Buch

Dies ist das Buch von Maní, und das
will sagen: alles verging

•

Nach den sieben Büchern

wird vom Fluge des Fasans und vom
Sprunge des Hirsches gesungen

Vor den sieben Büchern

WIRD VOM INDIO DES MAYAB ERZÄHLT

I

Ohne daß jemand sie ihm sagte, weiß der Indio viele Dinge.

Der Indio liest mit seinen traurigen Augen, was die Sterne schreiben, die im Fluge vorbeiziehen, was im toten Wasser auf dem Grunde der Grotten verborgen ist, was die Hufe des flüchtigen Hirsches in den feuchten Staub der Savanne gezeichnet haben.

Das Ohr des Indios lauscht dem, was die weisen Vögel sagen, wenn die Sonne verlöscht, und hört die Bäume im Schweigen der Nacht reden und die vom Morgenlicht vergoldeten Steine.

Niemand hat ihn gelehrt, diese geheimnisvollen und großen Dinge zu sehen und zu hören und zu verstehen, aber er weiß sie. Er weiß sie und redet nichts.

Der Indio spricht nur mit den Schatten.

Wenn der Indio ermüdet schläft, spricht er mit jenen, die ihm zuhören, und lauscht denen, die zu ihm sprechen.

Wenn er erwacht, weiß er mehr als früher und schweigt tiefer als früher.

II

Bei Tage wandert der Indio dahin, den Blick auf die Erde gerichtet, und läßt die Sonne auf sein Haupt brennen und seine nackte Schulter bräunen.

Bei Nacht erhebt der Indio die Stirn und schaut zu den Sternen, die sein Blick erfaßt, und dann füllt sich das Innerste seiner Brust mit Licht.

Wenn du einmal lange auf den Grund seiner Augen schauen kannst, wirst du sehen, daß dort ein Funke verborgen liegt, der wie ein lieblicher Stern ist und tief im Schatten glüht. Dieses Licht erhellt ihn und zeigt ihm die Wege. Aber niemand, nicht einmal er selbst, weiß, wer es entzündet hat.

Eingehüllt in sein trauriges Dunkel, geht er nach allen Richtungen und schaut. Er sieht das, was alle Welt sehen kann, und noch etwas mehr. Frage ihn nicht, denn er wird es dir nicht sagen.

Der Abendwind und der Lufthauch der tiefen Nacht plaudern mit dem Herzen des Indios, als wären sie das Echo der Stimmen, die nur er im Schweigen versteht.

Wenn der Indio sich zur Erde beugt, hört er eine süße Stimme, wie die Melodie des Liedes, mit dem eine Mutter ihren Sohn einschläfert. Und wenn du ihn dabei beobachten könntest, würdest du ihn lächeln sehen wie ein kleines Kind.

Während er die Samen in die Löcher legt, liebkost seine Hand die Erde, und seine Blicke füllen sich mit Zärtlichkeit. Dann geht der Indio und streckt sich zur Ruhe auf dem Boden aus, der für ihn wie der Schoß einer geliebten Frau ist.

Die Liebe in den Nächten des Indios, der in der Umarmung der Erde schläft, eingehüllt in die Luft und bedeckt mit den Sternen des Himmels, ist etwas, was nur er kennt und niemandem erzählt.

Und so geht es mit vielen Dingen, die nur für ihn sind. Wenn er diese Dinge nicht hätte, was hätte er überhaupt?

Denke darüber, wie du willst; aber wenn du von ihm selbst etwas erfahren willst, bemühe dich, es zu erraten, und frage ihn nicht.

III

Der Indio des Mayab weiß, daß vor ihm, lange vor ihm, andere Menschen sein Land bevölkerten und es schön und mächtig machten.

Es waren heilige Menschen, voll Weisheit. Jeder von ihnen hatte die Götter gekannt.

Sie kamen aus keiner von den Richtungen der Erde und des Meeres. Sie waren da, denn hier erschuf sie Jener, dessen Namen man seufzend ausspricht.

Es waren schöne und mutige Menschen, und sie schenkten Liebe und Barmherzigkeit. Der Herr Zamná, der Vater aller, war mit ihnen; seine Hand, die Schöpferin der Wunder der Welt, erhob sich, um sie zu führen und ihnen zu gebieten.

Er heilte sie von den Übeln ihres Leibes und gab ihnen die Wärme der Sonne, um ihren Geist zu entflammen, und so lebten sie immer in der Klarheit des Himmels.

Sie schufen die hohen und schimmernden Tempel, in die von nah und fern die Menschen kamen, um IHN, der keinen Namen hat und oben ist, anzubeten.

Sie errichteten die großen weißen Häuser, in denen die Meister die Weisheit lehrten.

Sie bauten mit heiligen Steinen die Alten Städte, in denen die Götter mit den Menschen wohnten. Sie erbauten Itzmál, Muútul, T'-hó und Chichén Itzá und rings um sie dreihundertsieben Städte.

Yaaxchilám und Palenque hießen jene, in denen die mächtigen Weisen des Südens weilten. Uxmál, das erbaut war, ohne daß man es sah, war die Stadt der Geister, die in der Luft und auf Erden leben.

Eines Tages erhob sich diese große Stadt Uxmál sichtbar vor den Augen der Menschen und war wunderbar und stolz;

aber seit diesem Tage änderten sich die Zeiten des Mayab. Das wird erzählt, sobald es angebracht ist.

Die erste aller Städte war Itzmál, die Stadt der Tempel, in denen es keine Götter aus Gold gab, auch nicht aus Holz, nicht aus Stein und nicht aus Ton, denn in jenen Tagen waren die Herzen der Menschen frei von Bosheit, und sie sahen die Götter in sich selbst und in ihrem Umkreis und fanden es nicht nötig, sie in Bildern darzustellen.

Die letzte der Städte war Maní... Maní! Maní! Der Indio weint, wenn er diesen Namen ausspricht, denn er bedeutet, daß «alles verging».

Wie Maní war und wie es enden mußte, ist eine traurige Geschichte, und man erzählt sie nur, wenn es notwendig ist. Wer den Mayab kennt und seine Tränen geweint hat, der weiß, wie es war.

IV

Jene weisen Männer der alten Zeiten waren rein und sanft vor Jenem, der liebreich überall ist, und sie schrieben alle die Wahrheiten in große Bücher, die das Leben derer waren, die sie besaßen, und aller, die nahe waren. Als die Menschen nicht mehr verdienten, die Bücher ihrer Väter zu besitzen, und es auch niemanden gab, der sie lesen konnte, verschwanden die Schriften, und man weiß nicht, wo sie sind.

Aber die Wahrheiten sind nicht verschwunden, sie sind in der Brust derer, die noch rein zu sein wissen.

Manchmal wirst du, Fremder, einen Greis einfache Dinge reden hören, die du nicht verstehst, und schöne Dinge, die dir Wahnsinn oder Phantasie zu sein scheinen. Dieser Greis ist im Mayab ein gerechter Mann und hat eine alte Seele, die die Wahrheit spricht.

Darum achte, Fremder, wenn du im Mayab bist, auf die Greise und die Kinder. Sie sind es, die außerhalb der Verunreinigung stehen. In ihnen lebt der Geist unserer Väter, die die Götter reden hörten und sie in ihrer Mitte sahen, neu auf.

Der Mayab hat zwei Leben gehabt: das, welches vor Maní war, und das, welches nach Maní kam. Wer um den Mayab weiß, versteht dies.

Erstes Buch

DIES IST DAS BUCH VON ITZMÁL UND VON DEN URALTEN DINGEN

I

Was war, ehe es Augen gab, um es zu sehen, und Ohren, um es zu hören, das könnte niemand wissen noch erzählen, wenn jene, die es zu ihrer Zeit wußten, es niemanden gelehrt hätten. So aber kam das Wissen vom Vater auf den Sohn durch die Zeiten herab.

In den uralten Zeiten, die man die Zeiten der Sonne nannte, das heißt, als das wahre Licht auf Erden war, gab es Schriften im Mayab, dem Lande der Maya. Man muß erwähnen, daß es von ihnen drei Arten gab.

Die eine Schrift wurde von jenen, die die Dinge der Tiefe kannten, im Dunkeln geschrieben und gelesen. Diese Schrift war das wahre Licht, und deshalb wurde sie nie herausgetragen, damit die Menschen, die sie nicht lesen konnten, von ihrem Glanze nicht erblindeten. Von die-

ser Schrift der Uralten sagt man, daß sie von selbst leuchtete, um gelesen zu werden.

Wer die Städte besucht, die heute tot sind, wird die Tempel sehen, in denen man im Dunkeln schrieb. Die Wahrheit blieb so in der Form von Buchstaben bei den Menschen, um hervorzutreten, wenn die Zeit kam. Dies ist eine mit feinem Kalk bereitete Schrift, die man in Bücher aus Hirschhaut und Palmenfasern schrieb. Diese Bücher waren das Haus der heiligen Worte und wurden geheim verwahrt unter der Obhut der Reinen, die auserwählt und beauftragt waren vom Allerhöchsten, von IHM, den man nicht sieht.

Jedes Jahr um die Zeit, in der alle Dinge sich erneuern, wurden die Bücher von ihren Hütern in einem Feste hervorgeholt und feierlich getragen, um einen Tag im Schatten duftender Bäume zu ruhen, mitten in einem hohen Walde, den niemals eine Frau betreten hatte.

Dort besprengten sie die Männer des Tempels mit Kupferwasser und mit dem Safte scharfer Kräuter, damit sie im Stoffe, aus dem sie gemacht waren, wohlerhalten blieben. Und so sah sie die Heilige Sonne an dem Tage, der gleich lang ist wie die Nacht und an dem alles Leben sich erneuert.

Danach kehrten die Bücher voll heiliger Kraft zurück, um in der Dunkelheit behütet zu werden.

Eine andere Schrift war aus Zeichen gemacht, die alle verstehen konnten, und aus ihr kamen die Lehren des allgemeinen Gesetzes. Sie diente auch dazu, um die Wege der Erde zu nennen und um für die Erinnerung festzuhalten, was vor den Augen der Menschen geschah.

Das war es, was man auf Steine schrieb, die man inmitten von Plätzen aufstellte und auf Wegen, die von einem Ort zum anderen führen. Jedes große Jahr hatte seinen hohen Stein, auf dem geschrieben stand, was sich in dieser Zeit ereignet hatte.

Dann gab es eine andere Schrift, die aus bemalten und gemeißelten Figuren bestand. Manchmal stand sie mit der zweiten zusammen, und man konnte sie verstehen lernen.

Und alle drei Schriften waren die Führung und das Merkmal des Geistes im

großen Mayab und kennzeichneten die Folge der Zeiten.

Das, was im Geheimen geschrieben war, konnten jene lesen, die dann sagten, was geschehen war und was geschehen werde, und die um die großen verborgenen Dinge wußten, die dem Körper und der Seele Gesundheit und Heil spenden. Alles wurde aufgeschrieben. Und das Land der Maya behütete das Licht, das von der Heiligen Sonne entzündet worden war.

Als man aufhörte zu schreiben und zu lesen, weil die Zeiten sich geändert hatten, da war das Wissen begraben, aber nicht tot, und das Licht war verborgen, aber nicht erloschen. Es scheint ganz verloren, weil man den Weg und das Zeichen nicht kennt. Aber es wird von neuem leuchten, wenn sein Tag kommt und die Sterne den Weg weisen.

Viele Dinge jedoch blieben in der Erinnerung der Menschen am Leben. Die Zunge wiederholt sie oft, und in Erzählungen gelangen sie heute zu den Söhnen des Mayab, damit diese sie nicht vergessen, auch wenn sie sie nicht verstehen; denn die Stunde wird kommen, in der eine Stimme aus der Höhe ertönen wird, um sie zu erklären.

So ist alles, was wir unter den Söhnen des Mayab erzählen werden, das, was wir vom Echo gelernt haben, das von einem Ende zum anderen widerhallt im Lande des Fasans und des Hirsches, dem Lande, das wie eine Perle am Halse der Welt ist.

Man sagt, daß die Erde, auf die die Füße sich stützen, eben entstanden war, als Er, der alles erschafft, kam und sie sah.

Da schuf Er mit seinen Händen den Mann und stellte ihn mitten auf die Erde. Er formte die Gestalt aus feuchtem Lehm und grünem Gras. Der Lehm war das Fleisch, und aus dem Grase entstanden die Knochen. So wurde der Mensch erschaffen, und die Liebe der Sonne senkte sich auf ihn nieder. Form und Leben empfing er von der heiligen Wärme, und das Licht gab ihm seinen Geist.

Danach begann der Mensch auf Erden zu wandeln und war allein, bis aus ihm selbst das Weib geboren wurde, das in ihm war und das, um sich loszulösen, aus der Seite des Mannes schlüpfte. Lächelnd sah es ihn an.

Nun hatte der rote Mann jemanden, der auf seine Worte antwortete, und er bevölkerte die Erde mit seinen Kindern.

Das ist es, was sie im Mayab seit uralten Zeiten wissen, und so stand es im Dunkel geschrieben.

Das Dach der Erde ist blau, damit die Augen, wenn sie sich nach oben richten, ausruhen können.

Vier Riesen, in jeder Windrichtung einer, halten den Himmel mit ihren gewaltigen Armen. Das sind die Bacabes, wie man sie nennen hört.

Einer ist mit weißer Farbe bemalt, und das ist der Riese des Nordens. Als Diener hat er den Wind, der die Krieger in den Schlachten aufmuntert und der die Dinge nach oben weht. Das Zeichen des Riesen ist eine Lanze.

Ein anderer ist von roter Farbe, und der ist der Riese des Ostens. Er befiehlt dem duftenden Winde, der Leben spendet, der den großen, guten Regen bringt, die Samen im Schoße der Erde aufsprießen läßt und die Liebe in den Verliebten entzündet. Sein Zeichen ist die Sonnenblume.

Ein anderer ist der des Südens, der gelb ist wie die Farbe des Guten und der den Wind mit sich bringt, den die Götter senden, um die Gewalten der Welt zu mildern und das Gebet im Geiste und im Munde des Menschen entstehen zu lassen. Sein Zeichen ist das Gefäß des ruhigen, duftenden Rauches.

Der vierte Bacab ist böse und schwarz und beherrscht den scharfen Westwind, der Nacht und Krankheit bringt. Sein Zeichen ist die Eule.

Die vier Bacabes streiten unter sich um die Herrschaft über den Tag, der jedes vierte Jahr übrigbleibt. Und je nachdem,

wer befiehlt, sind die Tage schlecht und bringen Tod und Dürre, oder sie sind gut und spenden Leben und Fülle.

So erzählte man einst im Lande der Maya, und es ist etwas, was man verstehen muß.

Der rote Mann gewann viele Güter, als er in dem Lande lebte, das nicht mehr besteht. Er war Herrscher über alle Kräfte: die, welche man sieht, und jene, welche man nicht sieht. Die vier Welten, die es innerhalb dieser Welt gibt, gehorchten ihm, und er war der König des Wassers und der Luft, des Feuers und der

Erde. Große Weisheit und Macht war ihm gegeben, die er später verlor.

Und er verlor sie, weil er sich von dem Lichte, dessen er von oben her voll war, entfernte und sich in seinen Körper aus Lehm und Stroh versenkte, der stolz und rebellisch war und alles für sich selbst verlangte. Als der Mensch in seinen Körper hinabsank, da ging das Licht, das die Sonne in seiner Seele entzündet hatte, nach und nach aus.

Seine Weisheit umnebelte sich in der Finsternis, und seine Einsicht wurde im Schatten wirr. Er schlug den Weg zur Linken ein.

Was immer er seit damals tat, war schwarz und schlecht. Seine große Macht diente ihm, um Unrecht zu tun, und er verbündete sich mit den bösen Geistern, die früher vor ihm gezittert hatten.

Die bösen Geister erlaubten sich alles, als sie sahen, daß die Stirne des Menschen nicht mehr strahlte. Und sie verlangten von ihm das Blut der Tiere, die seine Brüder waren, und er tötete diese, um es ihnen zu geben.

Danach forderten sie von ihm das Blut der Kinder, und er opferte sie und bedeckte alles mit reinem Blute. Und die bösen Geister machten sich zu Göttern des roten Mannes. Sie befahlen ihm das große Morden und lehrten ihn die üble Lust. So wurde alles anders, und die Gewalten von Unten tranken das Blut des Menschen, das ihm die Macht von Oben gegeben hatte.

Der rote Mann wurde viermal bestraft. Einmal von der Luft, die kam und alles mit sich riß, dann vom Feuer, das kam und alles verbrannte, dann von der Erde, die sich aufbäumte und sich öffnete, um das Übel abzuschütteln, und schließlich vom Wasser, das die Welt überschwemmte.

Kein einziger Sohn derer, die so groß waren und dann fielen, würde unter dem Himmel atmen, wenn die Dinge nicht so geschehen wären, wie es geschrieben steht und wie wir es erzählen werden.

II

So schildert man die Strafe des Wassers, die das Ende des letzten Zeitalters von früher und der Anfang des ersten Teiles der heutigen Zeit in dieser Welt war.

Von den Vätern zu den Söhnen kommt die Stimme des Wissens und sagt: Das große und erstaunliche Land der roten Menschen faßte nicht mehr das Unrecht, das üppig war und sich unter dem Verstande regte. Damals lebte ein alter Mann, der Giaia hieß, mit seinen zwei Söhnen, Giayalael und Halal genannt.

Der alte Giaia stieg eines Tages mit seinem Sohne Giayalael auf die Spitze eines Hügels, um sein Feld zu sehen, das er seinen Söhnen zu gleichen Teilen geben wollte, damit nach seinem Tode kein Streit ausbreche. Giaia war ein gerechter Mann.

Als er mit seinem Sohne auf dem Berge stand, zeigte er ihm das Feld und sprach: «Von all dem wird die Hälfte dir gehören.» Giayalael war angesteckt vom Übel seiner

Zeit, war faul und habgierig, und er entbrannte in Ehrgeiz. Als er hörte, was der alte Giaia sprach, da dachte er, daß das ganze Feld doch ihm allein gehören sollte. Und er warf sich auf seinen Vater und tötete ihn. Der Berg war vom Blute des guten Mannes besudelt.

Giayalael fürchtete sich und verbarg die Gebeine seines Vaters in einem großen Kürbis und versteckte diesen oben auf dem Hügel. Er stieg ins Tal hinab, suchte seinen Bruder und sagte ihm, daß der alte Giaia in eine Höhle gefallen sei. Er nahm das ganze Feld für sich in Besitz und ließ seinen Bruder darauf arbeiten. Als ein Jahr vergangen war, führte Giayalael seinen Bruder auf die Spitze des Hügels, um die Gebeine des Vaters zu sehen. Er nahm den Kürbis, in den er die

Knochen getan hatte, und Halal, der diesen für sich haben wollte, riß ihn aus seiner Hand. Da entfiel der Kürbis den Händen der Söhne, schlug auf dem Boden auf und brach in Stücke. Und er war voll Wasser, das vom Gipfel des Berges hinabzulaufen begann, in die Täler und über die Felder. Zuerst war es nur ein kleiner See, und dann ein Fluß, und dann viele Flüsse, und schließlich ein großes Meer, das das Land der roten Menschen mit all seinen Städten und seinen Wundern verschlang.

Man sagt, daß da der rote Mann verdarb, denn er war aus Lehm, und das Wasser löste ihn auf.

Das geschah an dem Ort, Ha-i-ti genannt, dessen Name bedeutet: «Das Wasser, das zu ihm kam».

Damals versank das sehr große und berühmte Tol-lán, das sieben Tore aus schwerem Golde hatte, in den gewaltigen Fluten. Mit ihm versanken so eintausenddreihundert und mehr Städte jenes Reiches, von dem nicht einmal die Erinnerung blieb.

Nun hat zwar das Land der Maya damals schon bestanden, aber es war gut und wurde verschont. Dort lebten gerechte Männer, und es waren ihrer nicht viele. Darum gab man dem hohen Lande, in dem unsere Väter geboren wurden, seinen Namen «Mayab», was bedeuten will: «Es waren nicht viele». Denn es waren die, die gemäß dem Willen von Oben verschont blieben.

Alles versank unter der Strafe, außer dem Mayab. Die Wasser gelangten bis zu

ihm und hielten dort inne. Neben ihm erhoben sich neue Länder. Das Land der Maya blieb, wie es war, und auf seinem Boden blieben die reinen Menschen von damals am Leben. Über seine weiten Ebenen eilte der schnelle, fröhliche Hirsch, und im Sonnenlicht schimmerte der goldgefiederte Fasan.

Es gab schon die heiligen Städte von Itzmál und Chichén Itzá und andere, die die Töchter von jenen waren. Sie waren nicht dem Übel verfallen und retteten sich noch. Später schlug auch ihre Stunde, als die Zeiten des Mayab sich änderten.

Andere rote Männer des großen Landes, das Strafe erlitt, konnten sich retten, weil sie es verdienten, und diese hielten sich an die neuen Länder; andere wieder flüchteten in andere Welten, ihre Weisheit mit sich tragend. Von einem Ende zum anderen zogen sie auf und ab, und einige kamen in das Land der Maya und fanden ihre Brüder und erkannten sie. Seit damals kamen Menschen und Völker von draußen, die einen für Gutes, die anderen für Schlechtes. Als das Reich der Maya dank seinem Lichte größer war, lehrte es

viele andere Länder. Aber es geschah in ihm, was in der großen Welt geschehen war, und es verfiel der Strafe. So stand es geschrieben in der Dunkelheit.

Singend lasset uns nun erzählen von den großen Dingen, die da waren. Höre, Sohn des Mayab, und höre auch du, Fremder, wenn du es wissen willst!

Zamná der Herr, der der Widerschein des Lichtes von Oben war, kam eines Tages und erhob den Geist und das Blut der ersten Menschen, die in diesem Lande wandelten und sprachen, aber nichts wußten. Er unterwies sie.

Er lehrte sie die Namen aller Dinge, die sie nicht kannten, und lehrte sie, IHN, den man nicht nennen darf, kennen.

Er grenzte das ganze Land ab, maß es und gab es den Seinen, die seine Kinder waren, damit sie es als heiliges Land für sich besitzen sollten.

Das Wasser der großen Strafe, das die Erde verschlang, überschritt nicht die Grenzen, die der Herr Zamná gesetzt hatte. Deshalb blieb das Land der Maya bestehen, damit in ihm das Leben gelebt werde.

Der Herr Zamná nahm die Seinigen mit sich und ging mit ihnen und unterrichtete sie und zeigte ihnen Wege und die Plätze für Städte.

So wurde, wie man sagt, in der großen Zeit der roten Männer die heilige Stadt Itzmál gebaut, von unseren Vätern, den Itzás, was soviel bedeutet wie «heilige Männer».

Nun werden wir erkennen und verstehen, was in den Büchern und auf den Steinen der Zeit, die vergangen ist, geschrieben stand.

ITZMÁL

An der Spitze der Itzás, die die reinen Menschen der Urzeit waren, kam der Herr Zamná, nachdem er sieben und noch einmal sieben Tage vom Meere landeinwärts gewandert war, und sah einen guten Platz inmitten der Ebene.

Dort hielt er an und sagte den Priestern, den Schülern und der Menge von Männern und Frauen, daß sie einen Tempel erbauen sollten und rings um den Tempel eine Stadt.

Er setzte sich auf einen Stein und sah, was sie taten. Die Stadt Itzmál erhob sich so an einem Tage des Einst, von dem es keine Zeitrechnung gibt.

In dieser Stadt der Städte gab es zuerst den großen Tempel mit hundertdreiundzwanzig Stufen, den man von ferne sah und der jedes Herz erfreute. Dort errichtete man den Altar für IHN, dem das Leben der Gerechten lieb ist.

Auf diesem Altare verbrannte man Opfergaben von duftendem Harz, und man schmückte ihn mit Girlanden. Der Rauch und die Düfte der Öle stiegen in die Höhe, und von der Höhe kamen dafür Weisheit und Barmherzigkeit.

Die Felder waren voll von Früchten und die Speicher voll Korn, und der Geist der Menschen ruhte im Frieden der Gerechtigkeit und des Wissens.

Das war es, was man im Lande der Maya säte, damit der Same sich vermehre.

Als der Herr Zamná die Stadt seiner Kinder vollendet sah, beschloß er, in die große Höhe aufzusteigen und ihnen seinen Leib zurückzulassen.

Vorher aber zeigte er ihnen die Wege, die sie gehen sollten, sobald sie ihn nicht mehr sehen würden, und trug ihnen einige bedeutungsvolle Dinge auf.

Der Herr Zamná stieg hinauf zu seinem Hause in der Höhe und war für die Augen der Menschen verloren, mitten in der Sonne, von der er gekommen war.

Die Itzás weinten, obwohl sie wußten, daß ihr Vater bei ihnen geblieben war.

Sie nahmen seinen Körper und begruben ihn in drei Teilen der Stadt, und in jedem errichteten sie einen Tempel.

Das Haupt begruben sie im Norden, das Herz im Osten und die rechte Hand im Süden. Im Westen stand der große Tempel mit dem Hause der Priester und der Schüler.

Der erste Tempel, in dem man die Gedanken des Herrn Zamná verehrte und der über seinem Haupte erbaut war, hieß «Ppapholchác», das heißt: «Das Haus der blitzerfüllten Stirne».

Der zweite Tempel, der über dem Herzen stand, damit dessen heilige, wunderbare Liebe in ihm brenne, wurde «Kinich-Kakmó» genannt, das bedeutet: «Das Antlitz der Sonne mit dem Feuerblick». Und einmal im Jahre, wenn die Sonne sich uns nähert, kam in brennendem Lichte der Geist des Herrn Zamná herab, vor seine Kinder, und entzündete das neue Feuer auf dem Altar und in ihren Herzen.

Dann flog über Itzmál ein Vogel, der in allen Farben strahlte, die Felder standen voll Blumen, und im Bette der Frauen läuterte sich die Liebe.

Der andere Tempel, errichtet über der rechten Hand, wurde «Kabúl» genannt, das ist «Das Haus der wundertätigen Hand». Dort erinnerte man sich in Ehrfurcht der großen Werke des Herrn

Zamná. Dort suchten die Kranken Genesung, und die Hand ihres Vaters legte sich auf ihre Häupter und entließ sie gesund, so wie er es früher getan hatte, als sie ihn sahen und mit ihm sprachen.

Nach Jahren und Jahren, als die Dinge längst anders geworden waren, kamen noch immer Tausende und aber Tausende von Männern und Frauen aus den vier Windrichtungen und suchten Heilung und Läuterung in der heiligen Stadt Itzmál, die hat, was keine andere je hatte.

Darum ist sie mächtig, auch wenn die Steine der großen Tempel niederstürzten und nach außen hin alles anders ist. Im Geheimen bewahrt das heilige Itzmál seine Macht.

Manecher weiß es, auch wenn keiner es sagt, und viele, die es weder wissen noch sagen, hoffen auf diese Macht.

Eines Tages mag das Schweigen der Jahrtausende sich brechen, wenn dieser Tag kommt.

Das Schweigen schläft über Itzmál, und die Stadt schläft im Schweigen. Aber vielleicht kommt die Stunde, da alles erwacht und spricht.

Zweites Buch

DIES IST DAS BUCH VON CHICHÉN ITZÁ UND DER PRINZESSIN SAC-NICTÉ

Alle, die im Mayab lebten, kannten den süßen Namen der Prinzessin Sac-Nicté, der «Weiße Blume» bedeutet.

Sie war wie der friedliche, ferne Mond, der alles mit ruhiger Liebe betrachtet; wie der Mond, der sich im stillen Wasser badet, von dem alle sein Licht trinken können.

Sie war wie die Waldtaube, die, wenn sie singt, den ganzen Wald zum Seufzen bringt, und sie war wie der Tau, der auf die Blätter fällt und ihnen Frische und Helle gibt.

Sie war wie die silberne Baumwollflocke, die im Winde dahinfliegt und die Luft ziert, und wie der Sonnenschein, der das Leben erneuert.

Sie war die Blume, die im Monat Moán blüht, die Heiterkeit und der Duft des Feldes; sie war Farbe für das Auge,

Sanftheit für die Hand, Gesang für das Ohr und Liebe für das Herz.

So war die Prinzessin Sac-Nicté im Lande der Maya, geboren am langen Tage der drei Städte, in der Zeit des Ruhmes.

Im Dunkel steht geschrieben, wer sie war; aber die sie mit Augen schauten, die nannten sie so, wie sie heißt. Wenn man diesen ihren Namen ausspricht, so atmet man ihn ein wie den Duft des Feldes im Morgengrauen.

Es heißt, daß die Prinzessin Sac-Nicté in jener klaren Nacht geboren wurde, in welcher der «Stern, in dem das Leben leuchtet», sich mit der Sonne vereinigt.

Sie war das Kind des schlachtengewaltigen und schönen Königs Hunacél und der lieblichen Frau mit Namen «Stern von der Farbe des Goldes».

Und in jener Zeit des Glanzes war sie die Prinzessin von Mayapán, der Festung der Maya. Und diese selbst war Fahne und Krone des Mayab, damals, als die drei großen Städte den Bund ewiger Einigkeit geschlossen hatten.

Uxmál und Chichén Itzá hatten ihre ersten zwei Leben schon gelebt, aber das tapfere Mayapán war neu und stolz.

Die drei Könige waren Freunde, und man kam und ging von einem Ende des Mayab zum anderen, ohne auf Krieger zu stoßen, denn Friede war die Frucht jenes Bundes seit vielen Jahren. Aber alles hat ein Ende.

Chichén Itzá, du Stadt der Städte; Chichén Itzá, Herrin der schönsten Dinge; Chichén Itzá, du Altar der Weisheit – was wurde aus dir?

Die goldene Schlange flog nicht mehr; sie riß sich die schimmernden Flügel aus und wurde dunkel und kroch auf dem

Boden. Aber wenn sie auch traurig war, so war sie doch immer noch schön.

So fielen die Söhne des Lichtes, das die Luft erfüllt, zur Erde nieder, und die Könige von Chichén änderten ihren Namen und begannen sich «Canék» zu nennen, und das heißt «Schwarze Schlange».

Der letzte Prinz Canék war der große Herr von Chichén Itzá, als dieses zum zweiten Male zugrunde ging. Wir werden es erzählen und die unselige Liebe der Schwarzen Schlange zur Weissen Blume des Mayab besingen.

Wir werden es singend erzählen, um die Traurigkeit zu verschönern, damit das Herz sie mit Musik empfange. Höret und lernet, denn von allen Völkern kann man etwas lernen.

Als Prinz Canék sieben Jahre alt war, tötete er einen Schmetterling und zerrieb ihn mit seinen Fingern, die voll wurden von schimmernden Farben. In der Nacht nach dem Tage, an dem er das getan hatte, träumte ihm, er habe sich in einen Wurm verwandelt.

Als der Prinz zweimal sieben Jahre zählte, fand er einen kleinen Hirsch, der sich in der Falle eines Jägers gefangen hatte. Mit seinem Messer öffnete er den Leib des armen Tieres, das nach seiner Mutter schrie, riß ihm das Herz heraus und opferte es einem der schwarzen Götter, die den Hexenmeistern beistehen. In dieser Nacht träumte ihm, er sei ein durstiger Jaguar; und er vergaß den Traum nicht, als er erwachte.

Als der Prinz dreimal sieben Jahre alt war, wurde er zum König der Itzás erhoben, und am selben Tage erblickte er die Prinzessin Sac-Nicté.

In dieser Nacht träumte er nichts, denn er schlief nicht, sondern weinte bis zum Morgengrauen, weinte die ersten Tränen seiner Augen. Und er fühlte sich, als müßte er traurig bleiben, sein Leben lang.

Als die Prinzessin Sac-Nicté fünf Jahre alt war, gab sie einem Wanderer einen Trunk frischen Wassers in einer Schale. Als sie ihm diese reichte, schaute sie hinein, und im Wasser spiegelte sich ihr Blick und ihr Gesicht. Eine Blume erblühte im Wasser der Schale.

Als die Prinzessin Sac-Nicté zweimal fünf Jahre zählte, ging sie über ein Maisfeld, und es kam eine Taube und setzte sich auf ihre Schulter. Die Prinzessin bot ihr Mais auf der Fläche ihrer Hand, küßte ihren Schnabel und ließ sie wieder frei durch die Lüfte fliegen.

Als sie dreimal fünf Jahre alt war, sah sie den Prinzen Canék, der die Herrschaft über die Itzás antrat.

Und ihr Herz entbrannte in der Flamme

der neuen Sonne. In dieser Nacht schlief sie mit einem Lächeln auf den Lippen, und erwachte, als ob ein heiteres Licht sich in ihrem Körper und ihrer Seele entzündet hätte.

Sie wußte, daß ihre Zeit gekommen war. Für die verborgene Blume kommen die Sonnen des Moán, die sie öffnen und ihr die liebliche Farbe geben, und es kommt der reine Morgenwind, der die Düfte entfacht. So erblühte die Prinzessin Sac-Nicté im Lande der Maya, als der Tag kam, an dem ihr Schicksal sich gestaltete.

Der große, alte Stein, der in der Dunkelheit beschrieben wurde, erzählt, wie es geschah. Und so singt man es jetzt mit zitternder Stimme.

In die erhabene Stadt Itzmál begab sich Prinz Canék, um sich der Sitte gemäß vor dem Antlitz des Herrn Zamná zu läutern, denn er sollte in Chichén über das Volk der Itzás herrschen.

Die Seele des Prinzen war verwirrt, und sein Herz war matt. Er stieg die sechsundzwanzig Stufen des Tempels hinauf und erbleichte vor dem Angesicht des Vaters seiner Brüder. Seine jagdgewohnten Beine zitterten, als er hinunterstieg, und seine Kriegerarme hingen kraftlos herab.

Da erblickte «Schwarze Schlange» die Prinzessin «Weiße Blume», und sein Herz zog sich zusammen.

Dort geschah es, wo der große Platz von Itzmál voll war von Menschen, die aus allen vier Richtungen des Mayab zum Feste gekommen waren, um den Prinzen zu sehen. Alle, die in der Nähe standen, sahen, was sich ereignete. Sie sahen das Lächeln der Prinzessin und ihren Blick voll Glanz. Sie sahen, wie der Prinz die Augen schloß und mit kalten Händen an seine Brust griff.

Aber sie sahen nicht den Pfeil, der von oben kam und die beiden im selben Augenblick durchbohrte und sie vereinte, um so den Willen der hohen Götter zu erfüllen. Diesen Willen hatten die Menschen nicht verstanden.

Denn ihr müßt wissen, daß die Prinzessin von Mayapán gemäß dem Willen ihres Vaters, des mächtigen Königs Hunacél, dem jungen Ulíl bestimmt war, dem Prinzen von Uxmál, der ein Sohn der Uitzes und der Erbe des Bundes der drei Städte war.

Am Tage der Läuterung waren die drei großen Herrscher in Itzmál. Dort sahen

sie sich und verneigten sich voreinander. Die Prinzessin Sac-Nicté leuchtete über ihnen wie der helle Mond. Und sie erwählte das Leben des Prinzen «Schwarze Schlange», um es zu ihrem Licht und ihrer Lieblichkeit emporzuheben.

Es war ein großer Tag für das Land der Maya.

Prinz Canék, Prinz Canék, was wußtest du, als du sie ansahst?...

Großes Reich des Itzá, deine ganze Größe war traurig, dein alter Glanz erlosch, und deine schwarze Schlange kroch im Dunkeln, als die Prinzessin Sac-Nicté vor dir erschien, und es war, als hätte sie einen Stern im Herzen deines Prinzen aufleuchten lassen. Chichén Itzá, weißes Haus der Heiligen Sonne, du warst düster, als sie kam, um dein Geschick zu erfüllen. Aber das wußtest du nicht...

Männer des Itzá, Söhne des Alten Lichtes, als ihr gefallen wart und der Blitz der Strafe schon drohte, da wurde euch die Rettung geschenkt. Der Verborgene Herr, der die Kinder der heiligen Menschen liebte, hieß die Weiße Blume des Mayab kommen, damit diese sie erleuchtete, wenn der Tag anbrach. Ein gewaltiger Tag war es, an dem Das von Oben und Das von Unten sich vereinigten, um auf der Erde des Mayab einen neuen Weg zu erschließen.

Heute ist der Tag der Krönung des Prinzen Canék zum Herrn über Chichén Itzá, und man beginnt die siebenunddreißig Tage zu zählen, die bis zur Hochzeit des Prinzen Ulíl und der Prinzessin Sac-Nicté noch fehlen.

Boten von Mayapán sind zum König von Chichén gekommen und überbrachten ihm die Botschaft: «Unser Herr Hunacél lädt seinen Freund und Verbündeten zum Hochzeitsfeste seiner Tochter ein, das der Glanz des Mayab sein wird.»

Und mit brennenden Augen hat König Canék geantwortet:

«Sagt eurem Herrn, daß ich zugegen sein werde.»

Boten aus Uxmál sind zum König Canék gekommen und sprachen: «Unser Gebieter Ulíl, Fürst von Uxmál, bittet den erhabenen König der Itzás, am Festmahle seiner Hochzeit mit der Prinzessin Sac-Nicté teilzunehmen und dort, in seinem Hause und seinem Reiche, ihm Freund und Bundesbruder zu sein.»

Und König Canék, die Stirne schweißbedeckt und die Hände geballt, hat geantwortet: «Sagt eurem Herrn, daß er mich an diesem Tage sehen wird.»

Eine andere Botschaft kam mitten in der Nacht, als der König der Itzás allein und traurig war und im Wasser die Sterne betrachtete, um sie zu befragen.

Ein uraltes Zwerglein kam und flüsterte dem König ins Ohr:

«Die Weiße Blume, die inmitten der frischen Blätter steht, erwartet dich. Wirst du erlauben, daß ein anderer sie für sich pflückt?»

Und das Alterchen verschwand, durch die Luft oder in die Erde. Niemand sah es, außer dem König, und niemand wußte etwas.

In die gemeißelten Steine, auf die man die Zeit schrieb, wurde das Bild der Prinzessin Sac-Nicté, die man im Lande der Maya nie vergißt, geritzt und mit Farben bemalt.

An ihre Seite setzte man das Antlitz Prinz Ulíls, der ihr Gatte sein sollte, und darunter schrieb man die schönen alten Worte, die da lauten: «Von diesen wird die Größe des Mayab kommen, und in ihnen werden Friede und Reichtum der Erde sich festigen.»

Im großen Uxmál stellte man diese Steine auf und bekränzte sie mit Blumen.

Von Mayapán brach die Prinzessin auf, mit allen Herren vom Blute des Cocóm, mit ihrem Vater, dem König Hunacél, und einem glänzenden Gefolge, das mit Gesängen einherzog.

Mit vielen Edlen und Kriegern kam Prinz Ulíl vor das Tor von Uxmál, um die zu empfangen, die seine Braut war, und als er sie sah, da sah er sie voll Tränen.

Alle anderen waren vergnügt und tanzten auf Straßen und Plätzen, denn keiner wußte, was geschehen würde.

Die Federn des Fasans und die bunten Bänder leuchteten zwischen den Waffen.

Den ganzen Weg bis zum Königspalaste schmückten Blumen und mit glänzenden Farben bemalte Stangen.

In Uxmál feierte man das Hochzeitsfest, und alle tranken und schrien vor Freude, als das prinzliche Paar, das sich vermählen sollte, vorbeikam. Denn niemand wußte, was sich ereignen sollte.

Die alten Priester, die es wissen konnten, hatten sich in ihren Zellen hoch oben in den Tempeln eingeschlossen, um nicht vor den Menschen zu reden. Den

Willen von Oben, der befohlen hatte, daß etwas anderes als das Erwartete im Mayab geschehen sollte, konnte niemand beugen.

Bald sah man, bald sah man, was im Dunkeln geschrieben stand, und die Dinge nahmen für alle einen anderen Lauf.

Drei Tage großen Feierns weihte man den Herren in Uxmál, das von Fröhlichkeit widerhallte. Schon war es der dritte Tag, und der Mond war groß und rund wie die Sonne. Nach der Ordnung des Himmels war es ein guter Tag für die Hochzeit eines Prinzen.

Aus allen Reichen, von nah und fern, waren nach Uxmál die Gäste hoher Abkunft gekommen: Könige und auch die Söhne von Königen.

Aus dem Königreiche Xibilbá kamen sie und brachten heilige Tapire, mit Gaben beladen und mit Juwelen geschmückt.

Es kamen aus Chacnohuothhán im Namen des Königs von Tulhá vierzehn

Gesandte und brachten neun weiße Hirsche mit Geweihen und Hufen aus Gold.

Es kamen aus Copán sieben große Herren in Sänften aus Schildpatt und brachten Platten aus Federn des strahlenden Vogels Quetzal.

Es kamen aus Nachancaán ein Prinz und drei Priester und brachten ein Buch der Sterndeuterei, das mit der Weisheit ihrer Weisen geschrieben war, und viele Halsbänder aus Smaragden.

Es kamen aus Yaaxchilám zwanzig junge Krieger mit der Botschaft ihres

Königspaares und brachten duftende Öle und Ohrgehänge aus Gold.

Aus Zac-quí, der weißen, lieblichen Stadt, kamen sie und brachten Vögel, die man Gesang wie Himmelsmusik gelehrt hatte.

Und von allen Seiten kamen Gesandte, Geschenke und Botschaften aller Herren des Landes, nur nicht aus Chichén Itzá vom König Canék, dem Ersten unter den Ersten.

Man wartete auf ihn bis zum dritten Tage, aber er kam nicht und sandte keine Nachricht. Das schien seltsam und brachte Unruhe in die Herzen der Großen, nicht aber in das der Prinzessin. Denn jene wußten nichts. Sie aber wußte und wartete.

In der Nacht des dritten Festtages errichtete man den Hochzeitsaltar, aber der Herr der Itzás war nicht erschienen, und keiner seiner Männer kam des Weges. Jene, die nichts wußten, warteten nicht länger.

Prinzessin Sac-Nicté, weiße Blume des Mayab, du Licht des Mondes, Waldtaube, durchsichtiges Wasser, Tochter des Abendsterns, du siehst die Stunde deines Schicksals kommen.

In reine Farben bist du gekleidet, mit Blumen geschmückt und sollst vor dem Altare einem Manne gegeben werden. Aber ein anderer Weg ist dir erschlossen, um den Willen von Oben zu erfüllen.

Das, was in tausend Jahren nicht geschieht, kann in einem Augenblick geschehen. Der Seufzer eines Gottes im Winde genügt, und der Wind ändert die Richtung.

Du weißt es und wartest, Prinzessin Sac-Nicté, die du dein Herz auf einen trauernden Mann gerichtet hast.

Prinz Canék, was suchst du so verzweifelt im Schatten? Du drangst in das Geheimnis des Tempels ein und fragtest den Gott und warst ihm keiner Antwort wert. Du fühlst, daß deine Liebe auf zu Hohes zielt, denn die Prinzessin Sac-Nicté ist für dich wie ein ferner Stern, auch wenn du ein Prinz und hier unten ihr ebenbürtig bist.

Prinz Canék, willst du den Morgenstern erreichen, willst du die weiße Blume des Mayab für dich pflücken?

Was würdest du sagen, Prinz der Itzás, wenn du wüßtest, was im Dunkel geschrieben steht?

Die Schwarze Schlange wird gerettet werden, weil die reinste Frau, in deren Augen die Götter schauen, sie voll Milde angesehen hat.

Die Kinder der heiligen Menschen werden frei sein von Strafe und werden ihre Wege ändern. Das Licht ist entzündet, das die Itzás auf neue Pfade und neue Pilgerfahrt führen wird.

Was würdest du sagen, Prinz Canék, wenn du es wüßtest?

Beim Hochzeitsfeste der Prinzessin Sac-Nicté und des Prinzen Ulíl wartete man drei Tage lang auf den Herrn von Chichén Itzá, ohne daß er kam.

Aber Prinz Canék kam zu der Stunde, in der es notwendig war.

Plötzlich stand er mitten in Uxmál mit sechzig seiner besten Krieger und eilte zum Altar hinauf, wo der Weihrauch der Hochzeit brannte und die Priester sangen. Er trug Kriegskleidung und auf der Brust das Zeichen von Itzá.

«Itzalán! Itzalán!» schrien seine Männer auf den Stufen des Tempels und hoben ihre Lanzen.

«Itzalán! Itzalán!» schrien sie, wie auf dem Schlachtfeld.

Sie riefen es nicht dreimal; kein einziger Arm hatte sich gegen sie erhoben, als alles schon vorbei war.

Prinz Canék kam wie ein glühender Sturm, hob die Prinzessin Sac-Nicté auf und entführte sie in seinen Armen, vor aller Augen. Niemand konnte ihn daran hindern.

Als sie ihn sehen wollten, war er schon nicht mehr da. Prinz Ulíl stand allein beim Altar vor den Priestern. Die Prinzessin war seinem Blicke entschwunden, geraubt von dem König, der wie ein Blitz gekommen war.

Dort gehen die Krieger von Itzá mit ihrem Herrn, der die Prinzessin Sac-Nicté im Arme hält.

Alle gehen und verschwinden, und so endet das Hochzeitsfest.

Die Straßen und Plätze sind voll von Menschen, die, trunken vom Balché, singen und nicht wissen, was geschieht.

Die Wächter des Prinzen Ulíl verloren ihre Waffen und finden sie nicht. Wer ist denn in Uxmál am Tage des großen Festes bewaffnet?

«Itzalán! Itzalán!» schrien die Männer des Prinzen Canék, als er die Prinzessin im Schmucke der Blumen und bräutlichen Ohrgehänge vom Altare weg raubte.

Als die Muschelhörner und die Zimbeln ertönen und der Zorn des Prinzen Ulíl durch die Straßen schreit, um die Krieger zusammenzurufen, sieht schon niemand mehr den Herrn der Itzás, und es bleibt keine Spur von ihm, der Prinzessin oder von irgendeinem der Seinen.

Prinz Canék, du hast den Stern heruntergeholt und die Blume gepflückt. Als der Hochzeitsmorgen zu leuchten begann, löschtest du das jungfräuliche Feuer und trugst das Licht der Maya mit dir davon!

So war es gesagt worden von der Stimme, die man nicht hört, und so erfüllte es sich.

Prinz Canék war von seiner Stadt Chichén in das große Uxmál gegangen, ohne daß ihn jemand gesehen hatte. Er ging den verborgenen Weg, der im heiligen Lande der Maya unter der Erde von einem Tempel zum anderen, von einem Orte zum anderen führt.

Manchmal findet man jetzt diese Wege. Früher kannten sie nur jene, die sie kennen sollten.

Auf dem breiten und kühlen Wege, der, unter dem Boden in die Steine gebohrt, vom Chichén der Itzás nach Uxmál führt, ging Fürst Canék, um die Prinzessin zu suchen, die nach dem Gebote der Götter ihm gehören sollte.

Er sah das Gesicht des Prinzen Ulíl für die Dauer eines Lidschlages und raubte die sanfte Turteltaube, die man schon in das Nest setzen wollte, das ihr nicht bestimmt war.

Es floß nicht ein Tropfen Blut, aber das Hochzeitsfest endete traurig für den Prinzen Ulíl und für den König von Mayapán, den großen Hunacél. Denn keiner von ihnen kannte den Willen von Oben. So sollte es sein!

Ah, die Rache, die über Chichén kommen wird, das schwach und matt ist von sanftem Schlafe, von heiteren Spielen und glühenden Küssen! Eine Stunde war den Itzás bestimmt, und sie kam. Schon füllte sich das Maß einer Zeit.

Wieder wurden im Mayab die Waffen geschärft und die Standarten des Krieges erhoben. Uxmál und Mayapán verbünden sich gegen Itzá!

Von den Schritten wirbelt auf den Wegen der Staub empor, und Rufe hallen durch die Luft. Auf dem Hause der Krieger ertönt die rauhe Zimbel und dröhnt das Muschelhorn Tag und Nacht.

Was wird aus dir werden, Stadt Chichén, die du auf dem Boden deines Fürsten im Schlafe liegst?

Bestraft mußt du werden; aber du besitzt die Weiße Blume, die das Licht und der Ruhm des Mayab ist, und deine Strafe wird deine Rettung sein.

Seht, wie es war, als die Itzás zum zweiten Male in ihrer Zeit ihre Häuser und die Tempel von Chichén verließen und die schöne Stadt ihrer Väter preisgaben, die sich an das Ufer des blauen Wassers schmiegt und duftet wie der Honig der Blumen unter der lebenerweckenden Sonne.

Weinend zogen sie eines Nachts im Lichte der Sterne aus. Sie gingen alle in einer Reihe und trugen die Statuen der Götter und die Bücher der Tempel. In Chichén blieb nichts zurück als zitterndes Schweigen.

Prinzessin Weiße Blume füllte das Herz des Prinzen Schwarze Schlange mit Kraft und öffnete seine Augen, damit er den Weg sehe. Auf dem Pfade, der durch das Dickicht gehauen war, schritt an der Spitze der Kinder von Itzá Prinz Canék, in einen weißen Mantel gehüllt, ohne die Federnkrone auf seiner Stirne zu tragen.

An seiner Seite ging die Prinzessin Sac-Nicté, schimmernd wie der Mond. Sie hob ihre Hand und zeigte den Weg, und alle folgten ihr. Eines Tages erreichten sie den friedlichen grünen Ort am stillen See, wo das heilige Petén liegt, ferne von allen Städten. Und dort errichteten sie den Sitz ihres Königreiches und bauten die einfachen Häuser des Friedens.

Sie kehrten zu ihren uralten Zeiten zurück, und die schwarze Schlange fühlte

ihre Flügel von neuem wachsen und erhob sich wieder in die Luft.

Für Itzá leuchtete auf dem Himmel das Licht der sieben Farben, das die Prinzessin Sac-Nicté ist, die den Menschen auf Erden zulächelt.

Sie herrschte über die Herzen und machte sie rein und weiß. So war es, bis Itzá nach und nach verging, am Ende der vorbestimmten Zeit, so wie die Blume, die sich den ganzen Tag der Sonne zuwendet und stirbt, wenn der Tag verlöscht...

So retteten sich die Itzás durch ihre Liebe zur Prinzessin Weiße Blume, die in das Herz des letzten Fürsten von Chichén trat, um die Strafe abzuwenden.

Einsam und schweigend blieb Chichén Itzá zurück, mitten in einem Walde ohne Vögel, denn alle waren der Prinzessin Sac-Nicté nachgeflogen.

Zahlreich und zornig wie die Wespen kamen die Heere von Uxmál und Mayapán und fanden nicht einmal das Echo eines Seufzers in den leeren Palästen und den Tempeln ohne Götter.

Da legte ihre Wut Feuer an die Häuser der Itzás, und mit der Schärfe ihrer Äxte zeichneten sie die offenen Türen und stürzten die Altäre. Dann wendeten sie sich von dort, damit das Leben des Mayab weitergehe, wie es gehen sollte.

Chichén Itzá blieb allein und tot, so wie es heute ist, verlassen seit jener uralten Zeit, am blauen Wasser des großen Brunnens des Lebens und am roten Wasser des großen Brunnens des Todes, so wie es gegründet wurde. Einer liegt zur Rechten und der andere zur Linken der großen Stadt, in der niemand mehr spricht als die Stimme, die niemand hört. Eines Tages wird man sie hören!

Im Monat Moán, wenn das Leben auf der Welt sich erneuert, blüht die weiße Blume im Mayab und schmückt die Bäume mit Farbe und füllt die Luft mit duftendem Seufzen.

Der Sohn des Mayab erwartet sie immer und nennt mit aller Zartheit seines Herzens den süßen Namen der Prinzessin Sac-Nicté.

Drittes Buch

DIES IST DAS BUCH VON ZAC-QUÍ UND DEM PRINZEN NAZÚL

Leset hier, daß in jenem Teile des Landes, wo die Bäume hoch sind und man die Blume pflückt, die voll ist von berauschendem Honig, vor langer, langer Zeit ein Kind geboren wurde, das Augen hatte von der Farbe des tiefen Wassers, wenn der Himmel sich in ihm spiegelt.

Dieses Kind war von der Kaste der großen Herren des Mayab, und sein Name war Nazúl, das heißt: «Der durch seine Mutter adelig ist».

Seine Mutter war eine Frau, die in einem vergoldeten Kahne auf dem endlosen Meere des Ostens von weit her gekommen war.

Als sie das Boot verließ und auf den Ufersand trat, da neigten sich, um sie zu grüßen, die Palmen, in denen der Wind wohnt.

Niemand hat je erfahren, woher sie kam, aber sie war etwas Großes, denn die Priester empfingen sie in den Tempeln, und die Könige der Cupules, von dreifach königlichem Geblüt, ließen sie in ihren Palästen wohnen.

Sie war jung, und ihre Stirne leuchtete, und ihre Augen waren tief und durchsichtig. Viele sagen, daß sie auf dem Meere geboren wurde, auf einem Felsen, der wie eine Insel war; und diese Insel war das letzte Stück des großen Landes, das einst vom Wasser verschlungen wurde, in uralter Zeit, da alles auf der Welt noch anders war, als es heute ist.

Diese Frau, deren Namen man nicht nennt – vielleicht, weil man ihn nicht weiß, vielleicht, weil man ihn nicht nennen darf –, gebar jenen Knaben, der Nazúl hieß und der unter den Maya des Ostens ein Prinz war.

Am Ufer des Meeres wurde er geboren, als die Sonne über dem Wasser aufstieg und die Welt erleuchtete.

Nachdem seine Mutter ihn an ihrer Brust genährt hatte, verschwand sie.

Einige sagen, sie sei auf den Wassern des großen Meeres in ihrem leuchtenden Boote heimgekehrt, nachdem sie ihren Sohn den Maya zurückgelassen hatte, so wie es geschehen sollte. Andere wieder sagen, sie sei auf dem weißen Ufersande, unter einer Palme liegend, gestorben. Und das Wasser habe ihren Leib, der schön und heilig war wie der einer Göttin, davongetragen.

Prinz Nazúl wurde in einem Tempel aufgenommen und in der Weisheit des Mayab unterrichtet.

Als er mannbar wurde, nahm er einen Mantel, einen Bund Pfeile und einen starken Bogen und zog aus, um durch die unbewohnten Wälder zu streifen.

Auf der Stirne trug er eine hohe Fasanenfeder. An ihr und an der Farbe seiner Augen, der des stillen Wassers gleich, erkannte man ihn, und man verneigte sich vor ihm.

Seine Hände waren fein und weich wie die eines Königs, seine Arme herrlich und stark wie die eines Kriegers, seine Schenkel beweglich und kräftig wie die eines Jägers.

Er ging barfuß, und seine Füße waren zart, aber weder Steine noch Dornen verletzten sie.

Seine Haut hatte die Farbe von hellem, glühendem Kupfer, und es schien, als glänzte sie in der Sonne. Und seine Meeresaugen schimmerten sanft wie die Augen der Taube, die eben geweint hat, und ihr bezauberndes Licht drang bis ans Herz.

Allein und schnell zog er durch die hohen Wälder und über die weiten Ebenen und erschien in den Dörfern, wo er in der Abenddämmerung durch die Straßen ging.

Alles an ihm war geheimnisvoll und anmutig. Wenn er sprach, dann waren es Worte voll Schönheit; aber er sprach wenig und lächelte den Männern, die ihn verehrten, und den Frauen, die bei seinem Anblick blaß wurden, zu.

Allein kam und ging er, ohne daß man wußte, warum. Zuweilen schien er ein Mensch zu sein, zuweilen ein lichter Schatten, durch den der Wind geht.

Wenn Prinz Nazúl in der Einsamkeit des Waldes zu singen begann, dann schwiegen die Vögel und kamen, um ihn zu hören.

Einige setzten sich auf seine Schultern und andere auf die Zweige der Bäume in seiner Nähe. Der ganze Wald lauschte.

Er liebte es, bei Tagesanbruch taufrische Blumen zu schneiden, und schmückte mit ihnen seine Stirn. So sahen ihn die Wanderer auf den Wegen vorübergehen, und wer seinen Blick empfing, der trug einen Hauch von Freude im Herzen mit sich.

Er trug ein Bündel Pfeile am Rücken und einen neuen, starken Bogen mit straffer Sehne. Aber er tötete kein Tier.

Einmal fragte man ihn: «Prinz Nazúl, wenn du weder Jäger noch Krieger bist, wozu trägst du dann deine Waffen?»

Und man sagt, daß er antwortete: «Ich bin ein Jäger und Krieger. Ich bewaffne mich gegen meinen Feind, und ich suche mein Wild wie nur irgendeiner. Aber ich weiß, wer mein Feind ist und welches die Beute ist, die ich suche. Ihr wißt es nicht. Das ist alles.»

Ein anderes Mal, als die Sonne starb und die Sterne auf dem Himmel erschienen, redete Nazúl und sprach:

«Schauet gut! Wenn ein Licht dort oben verlöscht, entzünden sich viele andere. Es gibt keine Finsternis, außer für den, der im Schatten seines Leibes lebt.»

Eines Tages sah er eine Frau, die sich mit Bändern und Federn und Armreifen schmückte und sich lächelnd im Wasser betrachtete. Und er ging hin und sprach:

«Du tust recht, denn so bist du schöner für den, der dich anschaut. Du bist geboren, um angeschaut zu werden. Alles, was geboren wird, das wird für irgend etwas geboren. Du für dieses.»

Eines Abends ging er über ein eben ausgebranntes Maisfeld, und es kam ihm eine Klapperschlange entgegen, die über die heißen Stoppeln kroch. Er sah sie an und sagte:

«Ziehe ruhig weiter, gutes Tier. Wenn das Feuer, das der Geist der Götter ist, dich nicht verwunden wollte, warum sollte ich dir Schaden zufügen?»

So war Prinz Nazúl, der unter den Maya des Ostens geboren wurde.

Er ging in das benachbarte Land der Coch-huahes, das vorsorgliche, wo es Brot in Fülle gibt, wie sein Name besagt. Dort empfing man ihn mit Freude und beendete den Krieg, zu Ehren seiner Ankunft. Er setzte sich mit den großen Herren zum Mahle und lehrte sie vieles.

Als er das Land verließ, gaben die Felder eine Ernte von goldfarbenem Mais, die alle Speicher für zwei Jahre füllte. Die

Erde, auf der seine Worte erklangen und Gehör fanden, wurde reicher.

In den guten Monaten, in denen der Wald erblüht, ging er nach Chichén, der Stadt der Itzás, und stieg zum großen Tempel der Sonne hinauf und verbrachte dort sieben Tage in Vertiefung und Einsamkeit.

Eine von den Jungfrauen, die dem heiligen Feuer geweiht waren, sah ihn eines Morgens im Lichte der Sonne, das auf seiner Stirne leuchtete, die hohen Treppen herabsteigen.

Und von seinem bloßen Anblick sank das Mädchen ohnmächtig auf den Boden. Itzél, das heißt «Tau», war diese Jungfrau genannt.

Von diesem Tage an war sie vor Traurigkeit wie verzaubert, und ehe der Mond wechselte, starb sie wie ein Licht, das verlöscht.

Prinz Nazúl ging, um sie zu sehen, als man sie mit Blumen bedeckte, um sie in der heiligen Gruft, die die draußen Lebenden niemals betraten, zu bestatten.

Und er sah sie an und sagte fröhlich: «Tau hieß sie, und sie löste sich in der Sonne auf. Jetzt werdet ihr sie alle Tage im Strahle des Lichtes, das vom Osten kommt, sehen können. Und sie wird alles ohne Furcht sehen können. Sie war weniger. Jetzt ist sie mehr. Alles, was geschieht, geschieht aus irgendeinem Grunde.»

Als er die Stimme hörte, die ihn rief, ging Prinz Nazúl zu einer Grotte mit hellem Wasser, das süß zu trinken war, Wasser, das unter der Erde lief, in einer kühlen und breiten Höhle mit grünen Bäumen und Singvögeln. Das ist ein anmutiger und heilsamer Ort, wo die salzigen Winde des Meeres wehen.

An dieser Stätte kam Prinz Nazúl mit den guten Menschen zusammen, die seine Freunde waren, mit klugen Jünglingen und reinen Mädchen. Und dort errichtete er eine kleine, wunderschöne Stadt und gab ihr den Namen Zac-quí, die Stadt, die lieblich und weiß ist.

Zac-quí, reich an Glückseligkeit, Kranz von Blumen, Nest der Tauben, du Bienenkorb voll Honig, Licht des Herzens, Liebe der guten Götter!

Prinz Nazúl erbaute diese weiße und liebliche Stadt, damit sie hier auf Erden eine Stätte der Ruhe und Freude sei.

Die Menschen, die mit ihm in ihr lebten, waren gut und liebten einander wie Kinder der selben Mutter.

Dort legte Prinz Nazúl die Lehre und die Liebe seiner Seele nieder.

Er hatte ein hohes Haus inmitten der Ceiba-Bäume, die voll von Vögeln waren. Dort lebte er allein und sprach am Tage mit allen, die kamen, um ihn zu hören.

Nachts aber stieg er in die Höhe und sprach mit den Sternen.

Zuweilen nahm er seinen Bogen und seine Pfeile und zog aus, um durch das Dickicht zu wandern, ohne daß jemand wußte, wohin er ging.

Einige sahen ihn auf einsamen Lichtungen seine Pfeile gegen die Wolken des Himmels abschießen, wenn diese im Sturme schwarz einherkamen. Der Pfeil sauste in die Höhe, heftete sich an die Wolken und öffnete sie. Dann ergoß sich der Regen auf die trockenen Felder.

In der Nähe von Zac-quí, der weißen, anmutigen Stadt, lag eine andere Stadt mit Namen Ek-Balám; das bedeutet: «Haus des Schwarzen Tigers». Das war eine Stätte der Sünde und der Wildheit. Der König dieser Stadt ließ Männer und Frauen vor seinen bösen Göttern schlachten.

Die dort lebten, beleidigten die alte Tugend und hatten sich der üblen Lust ergeben. Sie trieben schwarze Zauberei in den Tempeln, und man fürchtete sie wegen ihrer geheimen Künste, die sie von Xibalbá, dem bösen Geiste, im Tausche für das Blut Geopferter erhielten.

Alles war verfault in jener Stadt von frechen, lügnerischen, innerlich schmutzigen Menschen.

Prinz Nazúl ging zu der Stadt des Schwarzen Tigers und betrat sie, um ihr Herz zu erheben und aufzurichten.

Er betrat sie ohne Furcht, allein und demütig, und gelangte auf den Hauptplatz und rief den König, damit er ihn höre.

Vor dem König sagte er den bösen Menschen Worte der Weisheit, damit sie bereuten, was sie taten, und jene Stadt wieder heil werde, die wie eine schwärende Wunde des Landes war, das die Itzás in der großen Zeit geheiligt hatten.

Prinz Nazúl sprach mit der Stimme der Taube, und sie antworteten ihm mit den Schreien des Sperbers.

Er breitete seine Hände über ihnen aus, und sie hoben Steine gegen ihn auf.

Als der heilige Prinz sah, daß sie so für immer gefallen waren, verließ er die schwarze Stadt voll Kummer. Draußen stieg er auf einen Hügel und wendete dort sein Antlitz, um die Stadt, die für alles Gute verloren war, zu betrachten. Und als er sie sah, weinte er.

Als der Himmel diesen Prinzen weinen sah, wurde er schwarz und weinte auch.

Da fiel eine Träne aus Feuer vom Himmel auf die Erde. Sie glich einem brennenden Stern, der rollend durch die Luft kam, und sie fiel auf die Stadt des Schadens und der Lüge. Alle im Mayab erhoben die Augen und sahen den Flammenstern fallen und hielten den Atem an.

Das Weinen des Himmels fiel auf das verlorene Ek-Balám und war zuerst ein Feuer, das die ganze Stadt verbrannte, und dann ein sturmbewegtes Wasser, das aufstieg und sie ganz bedeckte.

So wurde die Stätte der verderbten Menschen bestraft und verschwand. Nur ein trauriger gelber See blieb inmitten des Waldes zurück.

Yok-há-ek nennt ihn der Indio des Mayab heute noch, und das heißt: «Weinen des Wassers und der Sterne».

Als dies geschehen war, verließ Prinz Nazúl den Hügel und kehrte in seine Stadt zurück.

Man sagt, daß es unter den Frauen von Zac-quí eine gab, die Sazilakáb, «das Licht der Nacht», hieß.

Und man sagt, daß sie traurig und schön war wie der Mond und daß sie nachts singend, mit gelöstem Haar, durch das Dickicht ging.

Als Prinz Nazúl sie sah, blieb er stehen, um sie anzuschauen, und sie erglühte und begann zu zittern.

Hätte Nazúl in seinem Leben Liebe für eine Frau gefühlt, so würde er Sazilakáb voll Feuer geliebt haben. Aber wenn er sie so liebte, so sagte er es ihr nie.

Er, der mit allen voll Milde und Fröhlichkeit redete, sprach nicht mit ihr.

Niemals empfing sie die liebevollen Worte der Männer, und immer war sie voll schweigender, sanfter Traurigkeit.

Jene, die um die Dinge des Schweigens wissen, sagten, er sei der Sohn der Sonne und sie die Tochter des Mondes, und dies habe große Bedeutung. Denn darum sprächen sie miteinander von ferne im Lichte.

Der Fürst von Zac-quí stand damals in der Blüte seiner Jugend und war schön und strahlend wie die Sonne am Mittag. Sazilakábs Augen waren feucht und ihr Körper zart und schön, und ihr Leben stand in hellem Glanze wie der Vollmond.

Dies war nun, was eines Abends geschah. Prinz Nazúl nahm seinen Mantel und verließ sein Haus, während in den Ceiba-Bäumen, unter denen er ging, die Vögel schliefen. Durch die stillen Straßen schreitend, entfernte er sich allein und schweigend aus der Stadt.

Als er den Wald, den man von weitem sah, betrat, verlöschte gerade der Tag, und die Sonne versank hinter den Bäumen.

Und auf der anderen Seite ging der große Mond hoch über den Saatfeldern auf, begleitet von dem sanften Winde, der den Duft der warmen Maiskolben trägt.

Auch Sazilakáb, das Licht der Nacht, verließ im Mondenschein ihr Haus und ging auf ihren Wegen von grünem Gras.

Mit gelöstem Haare betrat sie singend den Wald, und der Vollmond stand zu ihren Häupten.

Da strahlte die Mondgöttin hell auf dem reinen Himmel inmitten der funkelnden Sterne.

Und es kam der Sonnengott, eingehüllt in sein dunkles Gewand, und umarmte sie und verbarg sie in seinen Armen, um sie zu küssen, ohne daß die Menschen es sahen.

Das war es, was in jenen Tagen des Jahres geschah, da das Leben neu geboren wird, und als Sonne und Mond sich küßten, regte sich alles auf Erden, und es seufzte die Luft.

Dann leuchtete der Mond, schlafend auf dem nächtlichen Himmel, von neuem, und von neuem erglänzte am nächsten Morgen die Sonne.

Aber Prinz Nazúl kehrte nicht wieder heim in sein weißes Haus und seine liebliche Stadt. Auch Sazilakáb kam auf ihren Wegen aus grünem Gras nicht mehr zurück. Keines von beiden kam jemals wieder.

Zac-quí lebte noch Jahre und Jahre am blauen Wasser der hellen Grotte, zwischen den Bäumen, die den duftenden Honig spenden, der auf den Lippen süß ist und das Herz berauscht.

Über der Stadt erfüllte sich die Zeit, und oft hatte sie Tränen in den Augen und Blut an der Brust.

Aber immer lebte auch etwas in ihr, was ihr das Siegel des Hohen und das Zeichen des Lichtes aufdrückte.

Von ihr kamen jene, die in den großen, uralten Landen die Kinder von Sonne und Mond waren.

Darum war Prinz Nazúl gekommen

und dafür Sazilakáb, das Licht der Nacht, geboren worden, und vielleicht wurde darum die anmutige weiße Stadt erbaut, die Zac-quí hieß und der Ruhm des Mayab war.

So singt man, mit Worten der Erde, das, was man jene sagen hört, die es sagen.

Alles andere wissen nur die, welche die Dinge des Schweigens kennen.

Viertes Buch

DIES IST DAS BUCH VON UXMÁL UND SEINEM ZWERGKÖNIG

I

In jener Zeit, deren Jahre man nicht zählt, war das Land von Nohpát und Sanahtah ein Feld voll von Saaten und Wegen. Auf den Hügeln der Uitzes stand alles in Blüte, und an jeder Saatstelle stand das Haus eines Landmannes. Niemand wußte etwas von Kriegen; sie waren vergessen, seit der Herr Kukulkán gekommen war und Mayapán gegründet hatte, die Festung der starken Männer und das Banner der Maya.

Chichén Itzá, das drei- und noch einmal so groß und heilig war, besaß schon die in seinen alten Tempeln geformte Schlange mit goldenen Federn, die das

Zeichen des Herrn der Kraft und der Weisheit ist.

Die geheiligten Mysterien der ersten Zeiten lebten auf in den neuen Worten des Herrn Kukulkán, der auf dem Meere gekommen und wieder fortgegangen war, ohne das Land der Maya ganz zu verlassen, das ihm lieb war und wo man das, was er lehrte, so empfing wie das dürstende Feld den Regen des Himmels.

Nun wollen wir erzählen, daß es zu jener Zeit die Stadt Uxmál schon gab, aber ohne daß man sie sah. Der Blick der Menschen kannte nur einen kleinen weißen Tempel und ein weißes Haus inmitten der Saatfelder, und dieses Haus gehörte dem König. Das war auf dem Wege nach Nohpát, einem Ort mit vielen altansässigen Leuten, in der Nähe der Hügel der Uitzes, wo die buckligen, flinken Menschen hausten, die nicht so waren wie andere, denn manchmal zeigten sie sich und manchmal kamen und gingen sie, ohne daß jemand sie sehen konnte.

Man sagt, daß diese Menschen, noch

ehe es den Mayab gab, Uxmál schon erbaut hatten, um es allein zu sehen und zu bewohnen. Wer kann wissen, ob das wahr ist!

Uxmál war damals nichts weiter als ein Dorf, in welchem der König in seinem weißen Hause lebte. Und von dort beherrschte er viele Gebiete, denn er hatte viele Krieger und viele Saaten. Es war die Zeit, in der der Indio des Mayab in seinem Herzen IHN verehrte, der der Tau des Himmels und die Wärme des Tages ist; aber man machte keine Bilder, wie man es später tat, als man schon viele Götter hatte und ihnen Namen gab – es war noch jene Zeit, in der das geschah, was wir erzählen werden.

Wir werden erzählen, wie zum Stolze des Auges, das es sah, jenes herrliche Uxmál entstand und sich zeigte, das über den Mayab herrschte, damit die Zeiten sich änderten.

II

Hört, hört! Zu jener Zeit, so sagen die, welche es wissen, lebte in Nohpát eine alte Frau, die sich auf Zauberei verstand und nachts mit den Buckligen der Berge redete. Ihr Haus war eine Hütte aus Erde und Palmenblättern, am Rande des Dorfes, und seit vielen Jahren lebte niemand darin als die alte Frau.

Diese Alte kannte heilsame und auch krankheitserregende Kräuter und wußte sie im Lichte des Mondes zu kochen, so wie es heute noch ihre Söhne, die Zauberer, tun. Und sie kannte viele Dinge, die damals und später niemand anders kannte.

Eines Tages glaubte die Alte, daß sie bald sterben werde, und sie wollte einen Sohn haben. Um ihn zu bekommen, ging sie nachts zu den Höhlen der Berge, und dort gaben ihr die flinken Buckligen ein großes Ei, das sie versteckt nach Hause trug und in der Erde vergrub, um es dort ausbrüten zu lassen.

Aus diesem Ei schlüpfte ein Kind mit Menschengesicht. Es wurde nicht mehr als sieben Handbreit groß und hörte dann zu wachsen auf. Aber es war aufgeweckt wie ein Eichhörnchen, und von Geburt an besaß es, zur Verwunderung aller Leute, Sprache und Wissen. Die Alte sagte, es sei ihr Enkel, damit man nicht darüber lache, daß sie in so hohen Jahren noch ein Kind haben konnte.

Die Alte pflegte jeden Tag mit ihrem Kruge zum Dorfbrunnen zu gehen, um Wasser zu holen, und der Zwerg blieb allein zu Hause und durchstöberte alles.

Nun war ihm aufgefallen, daß seine

Großmutter sich niemals von den drei Steinen des Herdes entfernte und daß sie diesen, wenn sie ausgehen mußte, sorgfältig bedeckte. Der Zwerg wollte wissen, was dort verborgen war.

Da er schlau und boshaft war, hatte er den Einfall, in den Boden des Kruges ein Loch zu bohren, damit die Alte, wenn sie um Wasser ging, ihn nicht füllen konnte und sich verspätete, so daß er Zeit hatte, die Asche vom Herd zu entfernen.

An jenem Tage, während die Großmutter darauf wartete, daß der durchlöcherte Krug sich fülle, ging der Zwerg hin, schob die Asche beiseite, steckte die Hand hinein – und siehe da! er zog eine Zimbel aus Gold heraus. Und er ging und schlug die Zimbel mit einem Stäbchen.

Und die Zimbel ertönte mit einem furchtbaren, donnergleichen Klang, der im ganzen Lande der Maya zu hören war und es erzittern machte.

Die Großmutter kam gelaufen und sagte verzweifelt zu dem Zwerg: «Unglücklicher, was hast du getan?»

Er antwortete: «Ich habe nichts getan; ein Pfau war es, der drinnen im Dickicht geschrien hat.» Die Zimbel hatte er eilends unter der Asche verborgen. Aber die Alte wußte die Wahrheit und glaubte ihm nicht.

Und die ganze Gegend war in großem Aufruhr. Laßt uns nun sagen, warum.

III

Die, welche es wissen, sagen, in alten Zeiten sei prophezeit worden, daß das große Uxmál an jener Stelle, die schon diesen Namen trug, erscheinen werde; der König, der das kleine weiße Haus bewohnte, würde entthront werden und ein anderer König kommen, um über den ganzen Mayab zu herrschen.

Und in dieser Prophezeiung hieß es:

«Wenn die Zeit gekommen ist, dann wird der König von Uxmál erscheinen, und niemand wird wissen, woher.

Es ist bestimmt, daß es der sei, für den vor uralten Zeiten eine Zimbel aus Gold verfertigt wurde.

Die goldene Zimbel wird in seine Hände gelegt werden, wenn die Zeit kommt, nicht früher und nicht später.

Er wird sie zu finden wissen, wo immer sie von jenen, die sie verbergen, versteckt wurde. Und er wird die Zimbel zu schlagen wissen, daß sie töne.

Und sie wird mit einem mächtigen Klange ertönen, den man auf der ganzen Erde hören wird, und es wird keinen geben, der sein Ohr diesem Tone verschließen kann.

Der Mann, welchen Blutes er auch sei, der an diesem Tage auf dem Throne von Uxmál sitzt, bereite sich vor, ihn zu verlassen; der, welcher kommt, wird kommen, und niemand wird ihm widerstehen können, denn er wird nicht vom Weibe geboren sein. Dann aber muß es geschehen, daß die Zeiten sich ändern.

Er, der die Zimbel ertönen läßt, die unter Erde und Feuer verborgen liegt, wird König sein. Vergeblich wäre es, ihm Anerkennung und Gehorsam verweigern zu wollen.

Wenn der Klang des goldenen Donners widerhallt, wird unter den Leuten von Uxmál ihr König erscheinen. Sein Thron werde ihm errichtet, Tribut und Gehorsam geleistet, komme, was immer kommen mag.

Dann werden die Augen der Menschen sehen, was sie noch nie gesehen haben. In all seiner Pracht wird Uxmál sich zeigen, und in ihm wird die Herrschaft des Mayab ruhen, bis die Zeit kommt, da es nicht so sein wird.»

So war es prophezeit worden. Darum wußten alle, als sie den Donner der goldenen Zimbel ertönen hörten, daß der neue König da war.

Der alte König, der im weißen Hause schlief, erwachte und zitterte von Kopf bis Fuß vor Entsetzen.

Er ließ seine Männer auf allen Wegen gehen, um den zu suchen, der das furchtbare Instrument der furchtbaren Musik geschlagen hatte. Die Wege waren aber auch von anderen Leuten, die ihn suchten, voll.

Schließlich gelangten die Männer des alten Königs zum Hause der Hexe von Nohpát, und der Zwerg zeigte sich ihnen und holte die goldene Zimbel hervor. Und so wurde er vor den alten König gebracht, der unter einem tausendjährigen Ceiba-Baum in der Mitte des großen Platzes auf seinem hohen Throne saß.

Gemäß dem Rate seiner alten Männer hatte der König beschlossen, sein Reich nicht abzutreten, ohne zuvor Proben gemacht zu haben, ob der, welcher kam,

auch wirklich der sei, der kommen sollte. Als der Zwerg vor den alten König trat, sahen ihn alle an und lachten, außer dem alten König, der traurig und ängstlich war. Da sprach der alte König zum Zwerge:

«Wenn du in Wahrheit der bist, der König von Uxmál sein soll, beweise es mir.»

Und der Zwerg antwortete: «Ich frage, wie ich es beweisen soll.»

Der König sagte:

«Wenn du der bist, der angekündigt ist, um an meine Stelle zu treten, so mußt du mehr Weisheit besitzen als ich selbst. Sage mir also, ohne dich auch nur um eine einzige zu irren, wie viele Früchte es im

Gezweige dieser Ceiba, die uns Schatten spendet, gibt.»

Der Zwerg blickte hinauf zu den Zweigen des großen Baumes, der voll von winzigen Früchten war, und antwortete:

«Ich sage dir, daß es zehnmal hunderttausend und zweimal sechzig und dreimal drei sind, und wenn du mir nicht glaubst, so steige selbst auf den Baum und zähle sie, eine nach der anderen.»

Der alte König war verwirrt. Da kam eine große Fledermaus aus dem Ceiba-Baum, flog zu ihm und sagte ihm ins Ohr: «Der Zwerg hat die Wahrheit gesagt.»

Der alte König erbleichte und sagte nichts und senkte das Haupt.

Aber bald erhob er die Augen voll Stolz und sprach:

«Die erste Probe hast du, so scheint es, gut bestanden, aber das genügt nicht. Morgen werde ich in der Mitte dieses Platzes, für alle Welt sichtbar, ein Gerüst errichten lassen. Dort wirst du hinaufgestellt, und der Scherge wird mit einem Schlegel aus Stein ein volles Maß von

Früchten der Palme auf deinem Schädel zerschlagen. Wenn du aus dieser Probe heil hervorgehst, dann bist du in Wahrheit der König, der gekommen ist.»

Der Zwerg hörte das und sprach: «Ich bin einverstanden. Aber sage du, ob du die selbe Probe erleiden wirst, wenn ich am Leben bleibe.»

«Alles, was du erleiden kannst, werde ich genau so erleiden», sagte der alte König. «Und so werden es die Götter sein, die entscheiden, nicht wir. Aber während dreier Tage sollst du jeden Tag eine Probe erleiden.»

«Ich nehme das an», erwiderte der Zwerg.

«So gehe denn dorthin, woher du kamst, und stelle dich morgen», sprach der alte König.

«Ich werde gehen und wiederkommen», sagte der Zwerg. «Aber der Weg, der von meinem Hause hierherführt, ist eng und steinig. Es ist kein Weg für einen König. Ich werde einen bauen, der meiner würdig ist, und auf ihm werde ich morgen kommen, um dich zu suchen. Ich wünsche dir gute Ruhe!»

Und der Zwerg kehrte in die Hütte seiner Großmutter zurück. Man weiß nicht wie, aber in dieser einzigen Nacht wurde die weiße Straße, die von Nohpát nach Uxmál führt, aus glattem und glänzendem Stein zur Gänze gebaut. Auf ihr kam am nächsten Morgen der Zwerg mit der Alten und einem großen Zuge von staunenden Leuten zu dem König, der ihn, ohne in der Nacht geschlafen zu haben, voll Angst erwartete.

Vor dem versammelten Volke stellte man den Zwerg an den Pfahl, und der

Büttel zerbrach alle die vorbereiteten kieselharten Früchte der Palme, indem er eine nach der anderen mit seinem schweren Steinhammer auf dem Kopfe des Zwerges zerschlug.

Der Zwerg rührte sich nicht und tat nichts, als daß er lachte – ein kurzes, leises Lachen.

Er wußte, daß seine Großmutter ihm heimlich eine Platte aus zauberkräftigem Kupfer aufgelegt hatte, die unter seinem Haare verborgen war. Darum spürte er nichts.

Als der alte König ihn lebend und heil aufstehen sah, zitterte er am ganzen Körper und murmelte zwischen seinen Zähnen: «Der ist es!»

Aber er gab noch nicht nach, denn Macht über die Menschen zu besitzen, ist eine süße Sache, und man verzichtet nicht leicht darauf. Er sprach zum Zwerge:

«Es ist gut. Aber es darf gar keinen Zweifel geben. Bleibe in Uxmál, schlafe heute in meinem weißen Hause, und morgen werden wir weiter sehen.»

Der Zwerg erwiderte:

«Ich werde in Uxmál bleiben, aber nicht in deinem Hause, das eines Königs, wie ich einer bin, nicht würdig ist. Ich werde in dieser Nacht einen Palast für mich erbauen, und aus diesem wirst du mich am Morgen heraustreten sehen.»

Und so war es. Vor dem weißen Hause des alten Königs erschien reich verziert und glänzend, aus geglättetem Steine gebaut, der Palast der Könige von Uxmál, der seit damals nicht zerfallen ist. Es war nämlich so, daß er schon früher gebaut worden war, aber man hatte ihn nicht gesehen.

Von dort kam der Zwerg durch das stolze Portal heraus und stieg die Treppe herab, geleitet von vielen Vasallen, die niemand kannte. Jene, die es wissen, sagen, daß es die Buckligen von den Bergen waren.

Der alte König war ganz verstört, und seine Seele war verwirrt, und er schwitzte vor Fieber und Angst. Und er sprach zum Zwerge:

«Die Probe muß unternommen werden. Machen wir also jeder eine Figur nach unserem eigenen Bilde und stellen wir sie ins Feuer. Wenn das Feuer eine verschont, so sei dies das Zeichen dafür, daß die Götter mit jenem sind, den das Bildnis darstellt.»

«Es ist gut», antwortete der Zwerg. «Beginne du!»

Der alte König verfertigte sein Bildnis aus sehr hartem Holze. Aber ins Feuer gestellt, wurde es zu Asche und Kohle vernichtet.

Da sprach der Zwerg zu ihm:

«Ich will Nachsicht üben. Du kannst ein anderes Bildnis machen, wenn du willst.»

Der alte König, der zitterte, machte voll Eifer eine andere Statue. Diese war aus glänzendem Stein gehämmert. Als man sie aber ins Feuer legte, zerfiel sie zu Asche von Kalk.

«Habe die Gnade und lasse mich eine letzte machen», bat er den Zwerg mit tiefem Seufzen.

Der Zwerg lachte sein kleines Lachen und stimmte zu.

Da machte der alte König noch ein Bildnis, und dieses war aus schimmerndem Metall. Man warf es ins Feuer, und es schmolz wie zartes Wachs.

«Ich bin besiegt», sprach der König, «es sei denn, daß das Bildnis, das du machst, so ist wie diese und verbrennt – und das wird auch geschehen. Denn woraus willst du es formen, damit das Feuer es verschont?»

Da ging der Zwerg, mit seinem kleinen Lachen, und brachte feuchten Lehm und formte daraus ein Figürchen, das ihm glich. Und er stellte es ins Feuer. Und je länger es brannte, desto fester und feiner wurde das Bildnis aus Ton im Feuer.

Das Volk staunte und verlangte Festlichkeiten, um den neuen König zu krönen. Aber dieser sprach:

«Es kann keine Krönung geben, solange es nicht einen Palast für meine alte Mutter gibt und andere für die Prinzen meines Hofstaates und noch viele mehr für meine Krieger, ein Kloster für die Jungfrauen des Feuers, einen großen Platz für Spiele und einen Tempel ohnegleichen für die Götter, in deren Lehren ich euch unterweisen werde. Morgen werdet ihr all das und noch viel mehr sehen. Jetzt aber soll der alte König am Pfahle die selbe Probe erleiden wie ich, denn so ist es vereinbart.»

Man unterzog den alten König der Hammerprobe, und nach dem ersten Schlage war er tot.

Am Morgen des nächsten Tages erglänzte an jenem Orte das große Uxmál mit all seinen Tempeln und Palästen voll von künstlerischen Vorzügen, so wie es dann jedermann in Erstaunen versetzte und so wie es schon längst gebaut war, ohne daß man es gesehen hatte.

Der hohe Tempel der großen Geheimnisse, in welchem unsichtbare und unbekannte neue Mächte wohnten, ragte über die ganze Stadt. Dort, und nicht im großen Palaste, lebte der Zwerg seit dem Tage, an welchem er sich die Königskrone aufgesetzt hatte. Dort oben kam er bei jeder Wiederkehr des Mondes heraus und sprach, umgeben von seinen Priestern, zum Volke.

Söhne des Mondes waren jene, die mit diesem neuen König kamen, und nicht Söhne der Sonne, so wie alle, die es vorher gegeben hatte.

Uxmál blühte wie keine andere Stadt der Welt. Die schönsten Künste standen dort in vollem Glanze, und alle, die in der Stadt lebten, waren reich und mächtig. Sie lernten Metalle, die man von weit her brachte, formen, zarte Bilder auf Stein zeichnen, bunt und lebhaft gefärbte Fäden machen und weben und aus den Fellen der Tiere Aufputz und Rundschilder anfertigen. Sie lernten viele Geheimnisse der Heilung mit Kräutern, und sie kannten die Kräfte der grünen und der gelben Steine. Sie wußten schön zu reden und spielten mit Worten wie mit den

Pfeilen in der Luft, und die Musik, für die sie viele neue Instrumente erfanden, beherrschten sie vollkommen.

Sie entdeckten das süße Getränk des Balché-Baumes, das Ruhe und heitere Träume spendet, und alles, was sie brauchten, nahmen sie von der Erde, den Bäumen und den Tieren und waren Meister der Kunst, im Feuer viele geheimnisvolle Dinge zu schaffen.

Aber mehr als alles andere verfeinerten sie die Kunst, Figuren zu formen. So wie sie es von dem Zwerge, der ihr König war, gelernt hatten, handhabten die Männer von Uxmál geschickt den Ton und vervielfältigten so ihre Götter, denn jeder formte seinen Gott und betete ihn an. Deshalb nannte man die Menschen jener Zeit «Kul-Katoób», die Verehrer des Lehms.

Das große Uxmál beherrschte weite Länder, und sein Gebot gelangte bis dorthin, wo das große Meer des Westens beginnt. Auf jener Seite kamen Menschen aus anderen Ländern in seine Dörfer und brachten gute Dinge zum Tausche. Auf bemalten Schiffen, die aus Baumstämmen gemacht waren, überquerten sie das große Meer. Man sah im Mayab viele Waffen und viele Kleider, die es früher nicht gegeben hatte. Und dank den Lehren der Leute von Uxmál wußte man auch andere Samen als bisher zu säen, und alles war neu und üppig.

Doch im Dunkeln stand geschrieben, daß dies der Wechsel der Zeiten war, denn die Menschen erinnerten sich nicht mehr an das, was die Wahrheit war.

Als der Zwergkönig nach siebzig Menschenleben starb, da machten die Männer von Uxmál Bildnisse von ihm aus feinem Lehm, mit glänzenden Farben bemalt, und stellten sie in den Tempeln auf, verbrannten Kopal davor und tanzten die Tänze, die in alter Zeit nur den hohen Göttern geweiht waren. Das blieb nicht ohne Strafe.

An dem Tage, an dem sich das Maß dieser Zeit erfüllte, kamen die Krieger von Mayapán mit ihren Prinzen, die eine

Taube auf der Stirne tragen. Mit Axtschlag und harter Faust drangen sie in Uxmál ein. Das große Uxmál war nun nicht mehr die erste Stadt des Landes, und der Mayab sah es fallen und zerbrechen, gleich dem Lehm, den es angebetet hatte. Denn die Zeit des Maní hatte begonnen, und das heißt, daß «alles verging».

IV

Indio des Mayab, der du heute über das Feld gehst, auf dem noch immer die prachtverkündenden Reste dessen liegen, was einst das strahlende Uxmál war, und der du eine große Traurigkeit fühlst, die vom Herzen in die Augen steigt und sie weinen macht; Indio des Mayab, der du Angst hast vor den unsichtbaren Buckligen, die in den zerstörten Tempeln leben, und der du von dort fliehst, sobald die Nacht sich niedersenkt; Indio des Mayab, denke an das, was von Uxmál erzählt wird, der Stadt, die gebaut war, die man aber nicht sah, und sinne lange darüber nach.

Indio des Mayab, du fragtest nach der Großmutter des Zwerges von Uxmál, der der Stadt ihren Glanz gab, und man hat dir gesagt, daß sie noch immer lebt und an dem Wege sitzt, der unter der Erde nach Maní führt, der traurigen Stadt, deren Name bedeutet, daß alles verging. Und daß sie dort sitzt, um den Wanderern, die sich verirren, den Weg zu weisen. Suche sie nicht! Sie verkauft dem, der Durst hat, eine Schale frischen Wassers, und als Bezahlung muß man ihr ein Kind geben, damit ihre häßliche Schlange, die die Farbe der Krankheit trägt, es fresse. Sie ist das Zeichen des schlechten Wetters und der schwarzen Macht. Indio des Mayab, denke an all das, und du wirst viele vergangene Dinge verstehen und andere, die vergangen zu sein scheinen und die es noch gibt. Sinne, Sohn des Mayab!

Fünftes Buch

DIES IST DAS BUCH DER SIEBEN TÄNZE

Kommt, ihr Mädchen und Jünglinge, und laßt uns zum Tanze gehen! Auf den Straßen und auf den Plätzen werden wir kommen und gehen. Kommt, und wir werden die ganze Nacht tanzen und singen.

Wißt ihr, daß der kleine Prinz geboren wurde? Der kleine Prinz ist wie ein Junges der Goldamsel.

Kommt, und ihr werdet seine gelben Federn sehen, seine steifen Flügel und seine verdrehten Füße.

Kommt, Mädchen und Jünglinge, um den kleinen Prinzen zu sehen, der singen will und nur Schreie von sich gibt, der fliegen will und fällt, der gehen will und taumelt.

Verkümmert und häßlich ist er, aber er ist ein Prinz! Er wird schön sein. Er wird Federn von der Farbe des Goldes auf der Stirn tragen.

Gehen wir, tanzen und singen wir vor dem kleinen Prinzen, der eben geboren wurde. Seine Flügel sind eingezogen, aber er wird durch die Luft fliegen und sie mit Gesang erfüllen. Denn er ist ein Prinz.

Gehen wir, tanzen wir rund um den kleinen Prinzen, der wie ein Junges der Goldamsel ist. Seine Füße sind krumm, aber er wird stolz auf Erden wandeln, denn er ist ein Prinz, und die Erde ist sein.

Kommt, Mädchen und Jünglinge! Gehen wir, um den kleinen Prinzen zu sehen! Ihr werdet sehen, wie verkümmert und häßlich er ist; aber hütet euch zu lachen, auch wenn das Lachen euch im

Munde kitzelt. Zeigt ihm Verehrung und zieht singend, mit erhobenen Fackeln an ihm vorbei. Denn er ist ein Prinz.

Kommt, laßt uns gehen, Mädchen und Jünglinge, denn es wird bald Nacht, und wir werden ihn nicht im Sonnenlicht sehen können. Denn es ist ein Prinz, der eben geboren wurde!...

Tanz der jungen Krieger

Ohú! Ohú! Das Muschelhorn tönt über die Häuser hin und klingt wie ein Schlachtruf. Ohú! Ohú!

Mein Blut wird froh, und es sträubt sich der Flaum meiner Haut. Jung bin ich, und mein Arm ist stark, und die neue Lanze halte ich fest in der Hand. Höret die rauhe Zimbel, die widerhallt und mich ruft. Ohú! Ohú!

Ich bin von den achttausend Auserwählten und gehe den achttausend geschliffenen Kieseln in ihren Schleudern voran. Dann kommen die Zehntausend des Sperbers und die Zehntausend des Jaguars. Allen voran gehe ich, denn ich bin der Jüngste von allen. Ohú!Ohú!

Entflamme deinen Blick, schönes Mädchen, damit du mich auf dem Wege vorbeiziehen siehst, im Staube und im Lärm der Schritte und Waffen.

Komm, Mutter, erhebe die Stange mit bunten Bändern und hebe den häutenen Schild in die Höhe, geschmückt mit den Federn des Goldfasans. Ich gehe mit meinen Freunden, und wir alle sind flink und beherzt. Ich gehe in die Schlacht, die das Fest der Männer ist. Ohú! Ohú!

Gehen wir, Freunde, gehen wir! Tanzet mit mir den Schritt des Kampfes! Die Lanze ist gerade wie der Wille und leicht wie die Jugend. Der Pfeil fliegt und öffnet den Wind; dort fliegt er... Ohú! Ohú!

Das Muschelhorn sendet den Schlachtschrei nach oben, und das Herz der Tapferen schwillt. Die heisere Zimbel singt und macht mich tanzen, denn meine Jugend ist fröhlich. Ich sehe den starken Herrn Kakucapát, der in seiner roten Wolke

über uns fliegt. Ich sehe den goldenen Speer, über sein Haupt erhoben, leuchten. Ich sehe seinen Leib, der das Nest der Blitze ist. Wir, die achttausend Tapferen, gehen mit ihm. Ohú! Ohú!

Voran schreiten achttausend mit Kolibrifedern geschmückte Köpfe. Ich gehe an der Spitze aller.

Die Frauen weinen um uns. Meine Freunde, sagt ihnen, sie mögen die Baumwollflocken spinnen und die Decken mit frohen Farben säumen, damit bei unserer Rückkehr jede dem Sieger reiche, was sich gebührt.

Die Frauen zittern, und ihre Brüste heben sich ängstlich, wenn sie den sehen, der der Stimme des brennenden Blutes folgt. Wer nicht tapfer ist, der verdient nicht die frische Blüte eines Mädchens, das wartet und mit niemandem spricht.

Wir sind achttausend Auserwählte, die aus dem Tempel ziehen, die Köpfe mit Kolibrifedern geschmückt. Keine darf von unseren Stirnen fallen.

Die Frauen bleiben wartend zurück, beim Rauche des Feuers, den wir von ferne sehen. Wir ziehen in die Schlacht. Die Schlacht ist das Fest der Männer. Ohú! Ohú! Ohú!

Tanz des Jägers

Es geht, es geht, es geht der Jäger! Die Bäume sind feucht und die Erde ist kühl. Schon ist der Mond gegangen, und die Sonne säumt noch. Es tut wohl, den Duft des Dickichts zu atmen. Das ist die Stunde des Waldpfaus. Es geht, es geht der Jäger!

Hier der Bogen und hier der Pfeil. Ganz nackt, damit ihn die Vögel nicht sehen und ankündigen. Langsam, langsam, damit die trockenen Blätter unter seinen Füßen nicht aufschreien. Der blaue Pfau singt. Höre ihn, höre ihn! Sprich nicht laut und atme nicht! Da kommt's! Er fiel! Er fiel!

Tanzen, tanzen mag nun der frohe Jäger mit erhobenem Bogen. Tanzen und schreien, jetzt bedarf's keiner Vorsicht mehr. Seht den blauen Pfau, aufgefädelt auf dem Pfeile, der den Faden des Blickes entlangfuhr und sich zitternd festbohrte. Er fiel! Er fiel!

Es geht, es geht der Jäger! Er kehrt auf den dunklen Pfaden zurück, und wenn er auf das offene Feld kommt, öffnet er seine Kürbisflasche und trinkt Wasser, mit Honig gesüßt. Dort geht er, dort geht er!

Jetzt steht die Sonne am höchsten, und es brennen die Steine des Berges. Heiß weht der Wind und fährt schnaubend in die Bäume. Es ist der Monat des Hirsches, und dies ist die Stunde. Er geht, der Jäger geht!

Springend kommt der Hirsch einher, und bei jedem Sprunge bricht er das Dickicht. Wenn seine kleinen Hufe auf die trockene Erde fallen, hört man vier Schläge, als schlüge man das Fell einer Trommel. Ich strecke mich aus und lege das Ohr an die Erde und weiß schon, wo der Hirsch springt und wohin er eilt.

Ich komme, ich komme sogleich! Sieh den prächtigen Hirsch, wie er zittert und wie er die Nüstern öffnet und die Ohren mit den langen Spitzen schüttelt!

Ich lege den Pfeil auf den Bogen und spanne die Sehne und – da kommt's! Der Hirsch springt hoch und krümmt sich. Er fiel! Er fiel!

Es tanzt der Jäger, der weiß, was es heißt, einen Pfeil in die Brust eines Hirsches zu senden. So geht's, so geht's!

Wenn es kühl wird am Abend, singt die Wachtel, und das Kaninchen kommt aus seinem Bau. Für diese Stunde ist die Falle gestellt und die Schlinge bereit!... Jetzt richte deine Augen aufs Unterholz, Jäger, Jäger!

Die Arme werden voll Kraft und das Ohr wird scharf, wenn der Jaguar durch das Gras der Ebene kommt. Und wenn er fällt, dann feiern wir ein Fest.

Er tanzt, er tanzt mit erhobener Lanze und trinkt, wenn er Durst hat!

Schon hat die Nacht sich herabgesenkt, und es ist die Stunde, da alles schläft. Wenn du um diese Stunde ins Dickicht gehst, werden sie *dich* jagen... Tanze, tanze! Morgen, wenn es Tag wird, gehen wir, um den Hirsch zu holen, der in die Falle fiel.

Schon hat die Nacht sich herabgesenkt, und es ist die Stunde, da Menschen und Tiere schlafen. Es schläft der Jäger und träumt von der Jagd, denn er hat den Lianentrank des guten Schlafes getrunken, und er ist ein mutiger Mann. Nach seinem Tode wird er Menschen und Jaguare in den Wäldern des Himmels jagen.

Der Jäger zieht vorbei, und die Frauen erbleichen vor Liebe.

Dort geht der Jäger, dort geht er!...

Tanz der Jungfrau, die erwacht

I

Erwache, Mädchen, erwache, schönste Frau, damit du meine zärtliche Stimme hörest und wissest, was in der Tiefe meiner Seele vorgeht.

Ich komme, um hier mit meinen Freunden zu singen, denn ich will dich in deiner Tür erscheinen sehen, unter dem blühenden Laubwerk.

Es ist Nacht, und niemand kommt des Weges, und nicht einmal meine Hände sehe ich im Lichte der verlorenen Sterne.

Die Pappel, die neben der Tür deines Hauses steht, hat geschlafen und ist schon erwacht. Und du hörst mich nicht und erwachst nicht!

Die Glockenblüten der Winde hören mich und wechseln die Farbe, als ob die Sonne sie wärmte. Und du hörst mich nicht und erwachst nicht!

Ich aber bin gekommen und warte singend, denn ich lebe von der Hoffnung, dich schauen zu können. Frau, süßeste Frau, erwache und sage mir, daß du mich hörst!

Niemand wird dich sehen als ich, der ich vor dir zittere. Deine Mutter schläft, und meine Freunde werden sich entfernen und uns den Rücken kehren. Nur meine Augen, wach in der Dunkelheit, werden dich sehen.

Der Hahn deines Hauses hat mich gehört und sang schon. Und du hörst mich nicht und erwachst noch immer nicht!

Aber ich werde hier bleiben und singen, bis es Tag wird und die Sonne mich von deinem Hause vertreibt. Denn ich kann nicht leben, ohne dich zu sehen, süße, verborgene Frau.

II

«Wer ist es, der in der Dunkelheit singt vor meiner Tür? Weiß er nicht, daß es die Stunde ist, da das Gespenst des Weges zieht? Weiß er nicht, daß es die Stunde süßen Schlafes ist, in der der Schlafende nicht zu erwachen wünscht?»

«Ich bin es, ich bin es, süßeste Frau. Wenn du mich gehört hast, weißt du, daß ich komme, um mein Leid zu singen und die Sehnsucht, dich zu sehen. Wenn du mich siehst, wirst du verstehen, daß mein Herz zittert und durch meinen ganzen Körper die süße Kälte läuft, die man nur einmal im Leben verspürt. Ich bin es, Frau, dem die Gnade zuteil wird, zu hören, daß du zu mir redest, aber ich sehe dich nicht, denn du bist verborgen, und meine Augen beneiden meine Ohren und blitzen auf der Suche nach dir.»

«Es schweige, wer immer es sei, es schweige, wer immer es sei! Weiß er, der da singt, denn nicht, daß meine Mutter erwachen und mich schelten wird?»

«Er, der von dir träumt und seine Augen nicht schließt, aus Angst, du könntest vorbeigehen, während er schläft, und er versäumte den Augenblick, dich zu sehen – er weiß nichts, als daß du es bist, die spricht, und daß er es ist, der nicht lebt ohne dich. Komm heraus, schöne und süße Frau, so wie du kommst, um dem wandernden Bettler Wasser zu reichen. Größer ist mein Durst und härter mein Tod, wenn du dich nicht meiner erbarmst.»

«Was will er, der nachts mit Freunden um das Haus eines Mädchens die Runde zieht?»

«Er will dir sagen, daß er liebeswund ist und krank vor Traurigkeit um dich. Er will dich wissen lassen, daß er sterben wird wie eine trockene Pflanze auf verbranntem Stein, wenn du ihm nicht das Erbarmen zeigst, ihn zu sehen und zu lächeln.»

«Ah, der da spricht, ist das Gespenst, das des Weges zieht und mich schon weckte, um mich zu verhexen!»

«Verhext und verrückt ist er, der zu dir redet, und nur du kannst ihn heilen.»

«Warum erzählen die Männer Lügen, nachts, vor der Tür des Hauses der Mädchen, die ruhig schlafen?»

«Ich spreche die Wahrheit, wenn ich sage, daß ich lebe und sterbe für die, die abweisend und argwöhnisch ist wie keine andere Frau.»

«Nein, nein! Du lügst, du lügst! Sprächest du die Wahrheit, so würdest du am Morgen kommen, da meine Mutter dich empfangen könnte, und ich wüßte, ob du ein Mensch bist und nicht ein Gespenst. Lasse deinen Gesang schweigen und gehe, denn es ist die Stunde, in der man nicht wach sein soll. Durch den Schatten eilen frei die unsichtbaren Vögel, die im Schnabel einen Dorn des ‹Subin› tragen, um ihn in die Brust der Frauen zu stoßen und sie für das ganze Leben zu vergiften. Warum hast du mich aufgeweckt?»

«Damit du wissest, daß ich dich liebe, damit du hörest, wie meine Stimme zittert in der Luft, die voll ist vom Dufte der tiefen Nacht. Hab keine Angst und öffne die geschlossene Tür nur einen Spalt, damit der Hauch meines Herzens in dein Haus dringe.»

«Ich habe Angst, ich bin eiskalt, ich habe Angst vor dem Dorn, den der unsichtbare Vogel mir in die Brust stoßen wird, der Vogel, der in deinem Liede fliegt, du lügnerischer Mann!»

«Öffne deine Tür, und du wirst fühlen, wie ein Windstoß, duftend und stark, eindringt bis tief in dein Leben, das verschlossen ist wie die Pforte des Tempels. Öffne, und du wirst sehen, daß der Mann lebt, der dich liebt und der dich sucht wie frisches Wasser in der Trockenheit des Berges. Öffne, und du wirst sehen, wie süß die Nacht ist, wenn sich in ihr der Stern entzündet, der im Geheimnis des

Gesanges zittert. Öffne, Frau, und komm heraus und zeige dich unter dem Laubwerk voll Mohn!»

«O weh, ich Unglückliche – der Wind hat die Tür geöffnet!...»

«Ah, ich Glücklicher, der ich dich schaue, Stern, der herabkam, um die traurige Nacht hier unten zu erhellen!»

«Ach, ich war es nicht, es war der Wind, der dein Lied brachte, lügnerischer Mann!»

«Der Wind öffnete die Tür, und du kamst heraus, und ich habe, was ich nicht verdiene; aber ich habe es nun, und niemand kann es mir nehmen.»

«Ach, ich war es nicht, ich war es nicht! Es war der Wind, es war der Wind, der die Türe öffnete und mich hierhertrug, wo du bist; der Wind war es, der mich bewegt wie ein Blatt.»

«Entfernt euch, Freunde, die Stunde ist gekommen, auf die ich hoffte. Geht und schlafet still, meine Freunde, und lasset mich inmitten der Süße der Nacht. Komm, unsichtbarer Vogel, der du im

Schnabel den Dorn trägst, der liebeswund macht!»

«O weh, der Wind öffnete meine Tür dem Liede, das meine Ohren erschloß. Ach – der Wind, der nachts die Blumen aufbricht, damit sie die Sonne empfangen! Oh, der duftende Wind, der mich weckt, wie er die Taube in ihrem Neste weckt! O weh – der unsichtbare Vogel, der mir den Dorn in der Brust läßt, den spitzen Dorn, der liebeswund macht! Ich erwache schon, ich erwache schon! Ich weiß nicht, ob Erwachen ein Schlafen in der Süßigkeit der Lüge ist, aber ich bin schon wach, ich bin schon erwacht mit dem Dorn in meiner nackten Brust, ich bin schon erwacht, ich bin schon erwacht!»

III

«Ich gehe, süße Frau. Die Sonne ging schon auf, und der Weg ist voll von Landleuten, die aufs Feld gehen. Diese Nacht werde ich wiederkommen, wenn der Mond die Erde weiß färbt, und werde wieder vor deiner Türe singen. Es wird nicht mehr der Wind sein, der sie öffnet, sondern du selbst, die du in Erwartung meiner Schritte seufzen und brennen wirst. Du bist erwacht, unschuldige Frau. Das Feuer ist jungfräulich und versengt auch den, der es nicht berührt. Der unsichtbare Vogel kam des Nachts in meinem Liede und ließ den Dorn in deiner Brust, die nun von Liebe wund ist. Erwarte mich, erwarte mich!

Schau: die glockigen Blüten, die sich über deiner Türe wiegen, waren blau in der Nacht, und heute haben sie die Farbe geändert und sind rot wie lebendiges Blut.

Erwarte mich, erwarte mich, ich werde wiederkommen. Und ich werde dich nicht bitten, daß du erwachest, sondern daß du schlafest in meinen Armen. Erwarte mich, erwarte mich!»

Tanz der betrogenen Liebe

Höre, junges Ding, das du an der Tür deines Hauses stehst, den Mann erwartend, der dich betrügen wird!

Höre, junges Ding, das zur Umzäunung geht, um den schönen Worten des Schmeichlers zu lauschen, der mit süßer Zunge zu reden weiß.

Höre, die du gleich der Kürbisblüte bist, die hervorkommt, sich erhebt, um gepflückt zu werden, und stirbt.

Höre, was der Waldtaube geschah, die dir glich.

*

Die Waldtaube, unschuldig wie du, war in ihrem warmen Nest verborgen, auf den Eierchen, die sie bebrütete.

Da kam das Eichhörnchen, entdeckte sie und kletterte hinauf bis nahe ans Nest und schickte sich an, ihr angenehme Dinge zu sagen.

«Ich bringe dir Nachrichten», sprach das Eichhörnchen, «von jenem schönen Täuberich, der dich umgirrte. Der schöne Täuberich ist voll Liebe und erwartet dich.»

«Sage mir, Eichhörnchen, wo ist der undankbare Täuberich, den ich liebe und der nicht zurückkehrt?»

«Arme Taube, dein Tauber ist ganz nahe und singt so leise, als seufze er um dich.»

«Geh, Eichhörnchen, lauf und sage ihm, daß er eilends zu mir kommen soll und daß ich sterben werde, wenn er nicht kommt.»

«Taube, die du vor Liebe stirbst, dein schöner Tauber wird nicht kommen.»

«Wehe mir! Warum kommt er nicht?... Eichhörnchen, laufe und sieh zu, daß er komme!»

Und das Eichhörnchen geht und kommt durch die Zweige zurück und spricht:

«Arme Taube, dein Täuberich würde kommen, aber er vergnügt sich mit jemandem; es gibt da ein Täubchen mit weißem Halse, das ihm den Schnabel darbietet, und er verliert den Kopf und umkreist es.»

«Was sagst du, Eichhörnchen? Wehe mir, die ich meine Eier nicht verlassen kann, weil der Fuchs sie fressen würde!»

«Ah, Täubchen, wenn dein Täuberich dich sähe, würde er nur an dich und an keine andere mehr denken!»

«Eichhörnchen, Eichhörnchen, ist das wahr, was du da sagst?»

«Hätte ich ihn nicht voll Trauer von deiner Liebe singen hören, so würde ich es nicht glauben. Aber wenn er dich

nicht sieht, wird er dich vergessen, Täubchen.»

«Aber wenn ich nun ginge und meine Eierchen verließe und der Fuchs sie frässe?»

«Ich bin dein Freund, kleine Taube, und ich werde sie dir bewachen, bis du zurückkehrst. Ich will, daß die schönste Taube des Waldes, die rosa Füße und einen honigfarbenen Schnabel hat, ihren Täuberich nicht verliere. Gehe unbesorgt, ich hüte dein Nest.»

«Wehe mir, wenn ich nicht gehe, Eichhörnchen! Ich vertraue dir. Wache du an meiner Stelle, denn ich kann nicht mehr; die Liebe zieht mich hin, und die Eifersucht verzehrt mich...»

«Geh, geh schnell und gewinne deinen

edlen Freund zurück. Hier bleibe ich als treuer Wächter, mein Täubchen... Niemand wird dein Nest berühren. Gehe ruhig...»

«Was werde ich tun, um deine Güte und Liebe zu vergelten, Eichhörnchen?»

«Nichts, als mir Vertrauen schenken», sagt das Eichhörnchen und setzt sich auf die Eier der Taube, die, verrückt vor Liebe, davonfliegt.

Und sobald die Taube fort ist, zerbricht das schlaue Eichhörnchen die Eier und trinkt sie aus, naschhaft und vergnügt, und geht sodann.

Und wie die Taube, die den Täuberich nirgends fand, zurückkehrt, findet sie ihr Nest leer und sieht die Überreste ihrer geliebten Eier, und da begreift sie, daß das böse Eichhörnchen in seiner Freßgier sie betrogen hat. Und Tag und Nacht fliegt sie nun seufzend von Zweig zu Zweig, von Baum zu Baum.

Traurig, sehr traurig, als ob sie stürbe vor Schmerz, singt sie so:

«Cuúc tu tuzén, cuúc tu tuzén – das

Eichhörnchen hat mich betrogen, das Eichhörnchen hat mich betrogen.»

So jammert sie und bringt jeden, der sie hört, zum Weinen; doch der Schaden ist nicht mehr gutzumachen.

So beweint, seit damals bis zum letzten Tage der Welt, die Waldtaube ihr Unglück, und so weinen die arglosen Frauen, die dem üblen Rate der Eifersucht folgen und sich von der Liebe den Kopf verwirren lassen.

Vergiß es nicht, junges Ding, das du an der Tür deines Hauses stehst und den Mann erwartest, der dich betrügen wird!

Tanz des Huay-Tul

Huay-tul, Huay-tul! Da kommt er und rennt, rennt durch das Dickicht, die Bäume zerbrechend.

Da kommt er, schnaubend wie ein starker Wind, und bricht sich Bahn. Es ist Yumilkaáx, der Herr des Waldes, und es ist Yuyumilcéh, der Herr der Hirsche.

Du wirst ihn nicht sehen können, aber du wirst merken, daß sein pfeifender Lauf an dir vorbeiführt, und du wirst den Lärm seiner Schritte hören wie einen Donner, der kommt und geht.

Schau, wie die Vögel schreiend fliegen und wie die Hirsche zu laufen beginnen und alle Tiere sich vereinigen und rennen und rennen vor Huay-tul! Höre die Schreie des Waldes, der erschrickt und gehorcht.

Der Herr der Felder zieht vorüber, und du kannst ihn nicht sehen mit deinen Augen; aber die Augen der Tiere sehen ihn wohl. Höre, wie der Jaguar brüllt und springt, und höre, wie der Eber aufschreit und auf die Lichtung läuft.

Huay-tul, Huay-tul! Alle Tiere vereinigen sich und laufen vor ihm, der ihnen befiehlt und sie behütet. Es ist die Zeit der Dürre, und das Dickicht ist trocken und durstig, und er führt sie zu den verborgenen Seen, damit sie im Morgengrauen frisches Wasser trinken.

Er kommt, wenn die Hirsche ihre Hör-

ner abwerfen und die Hirschkühe warten. Und er kommt in Verzückung und stürmt vorüber und bringt, Samen verstreuend, den Wald zum Leben.

Huay-tul ist gut; hab keine Angst vor ihm, aber beschädige nicht, was sein ist, denn er züchtigt dich. Er ist der Herr des Waldes und der Beherrscher der Hirsche, und eines Nachts kann er dich wegführen, ohne daß du weißt, wohin, und du kehrst nicht wieder.

Tritt beiseite, denn dort kommt er einhergestürmt und vereinigt seine Kinder, die Tiere, die Durst leiden. Laß ihn vorbei und schau, wie die Bäume sich schütteln, und höre das Schnauben des Hirschrudels.

Huay-tul, Huay-tul! Da kommt er gerannt wie ein wütender Wind, und er ist wie ein Blitz, der über den Wald streicht. Laß ihn vorbeiziehen und bleibe still!

Tanz des guten Regens

Der Herr des Regens ist ärgerlich, und die Sonne spaltet die Steine, und die armen Bäume vertrocknen und krachen, als stünden sie schon in Flammen.

Man muß auf die Maisfelder gehen, die unter der Hitze verdorren, und muß tanzen und ein Fest veranstalten, um die Wolken zu rufen.

Gehorchen muß man dem Willen des Herrn des Regens, der uns grollt.

Gehen wir hin mit gefüllten Krügen und mit Töpfen voll von dampfenden Gerichten. Gehen wir mit Musik und Gesängen, um den Wind zu ergötzen, damit er sich freue und helfe.

In die Mitte des Maisfeldes legt man drei Steine, und dort macht man Feuer mit grünem Holz und tanzt ringsherum.

Machen wir Lärm mit Schreien und Klappern, damit die Wolken kommen. Ach, der Himmel ist hell und glühend, und der Staub brennt wie Funken von Holzfeuer. Der junge Mais wird sterben, wenn das große Wasser nicht bald kommt.

Man muß die Beschwörung machen und die Worte, die Macht haben, sprechen. Wer sie kennt und mit leiser Stimme murmelt, der komme und spreche sie aus.

Die Saat stirbt durch den Groll des Yumil-Chaác, des Herrn des guten Regens.

Wer ist es, der durch verbotene Dinge gegen die Achtung vor dem Wasser verstieß?

Wer war es, der den Ostwind beleidigt hat, den sanften Seufzer der Sonne? Er, der es gewesen ist, möge hierherkommen und ein Opfer bringen, das Gnade findet, um seine Schuld zu sühnen.

Wir werden indessen mit kaltem Wasser

besprengte Blumen ins Laubwerk hängen, damit es sich belebe. Dann werden wir feiern und trinken und im Tanze singen.

Es komme der Regen, der gute Regen, der mit kühlem Schatten naht und mit starkem, duftendem Winde!

Es komme der Regen, der gute, große Regen, der sich aus dem Kruge von oben ergießt und die Vögel zum Singen bringt, die Kaninchen aus ihren Höhlen lockt und die Käfer aus der Erde, die zufrieden ist und das Wasser trinkt wie ein Mund und im Trinken lacht.

Es komme der Regen, es tanze der Wind, es mögen die Blätter im Wirbelsturm fliegen! Süß ist der Duft des Wassers, das sich nähert, und läßt die Brust, voll tiefer Freude atmend, sich weiten.

Wehe dem zarten Mais, der im Ofen der versengten Erde röstet, ehe er reif und weißes Brot wird.

Es komme der Regen, der gute Regen; dafür singen wir und tanzen und feiern ein Fest mitten auf dem Maisfelde. Wenn der Herr des Wassers erzürnt ist, werden wir ihn erheitern, und er wird zu uns kommen.

Tanzen und tanzen und lärmende Musik machen – das geschieht, damit er uns höre und sein Antlitz sich beruhige und er die Hand hebe, um den Regen, der gebunden vor ihm liegt, zu befreien.

Die Saat hat Durst, und durstig ist auch das Herz. Gib uns Wasser ohne Blitze und ohne Orkan, Herr des guten Regens!

Das Wasser ist die gute Mutter all dessen, was lebt; denn alles, was auf Erden lebt, hat Durst.

Tanz des Uhus

«Tunculuchú, was brachtest du mir? Tunculuchú, schweigender Uhu, der du von ferne kommst und alles weißt, was brachtest du mir unter deinen Flügeln?»

«Tunculuchú, ich habe dir ein schönes Ding gebracht, das du nicht verdienst.»

«Tunculuchú, was ist es? Ist es ein Halsband aus grünen Steinen oder eine kupferne Klapper oder ein magisches Glas, um das Schicksal kommen zu sehen?»

«Nichts von all dem, Habgieriger, nichts von all dem.»

«Tunculuchú auf dem Zweige des grünen Baumes, Tunculuchú, mach mich nicht ungeduldig! Was brachtest du mir?»

«Jeden Abend von jedem Tage hast du auf mich gewartet. Warum denn, wenn du nicht wußtest, ob ich mich daran erinnern würde, dir etwas mitzubringen?»

«Etwas bringst du mir, Tunculuchú, alter, guter Uhu, denn immer bringst du etwas für den, der dich erwartet.»

«Und wenn ich dir glühende Kohle gebracht hätte, um deine Neugier zu verbrennen? Und wenn ich dir eine Wespe gebracht hätte, damit sie deinen Mund steche, der nicht müde wird, zu fordern?»

«Du hast mir nichts Schlechtes gebracht, Tunculuchú. Deine Ohren bewegen sich fröhlich, und deine runden Augen lachen.»

«Ich lache über dich, ich lache über dich, habgieriger Knabe. Was hast du mir denn zu bringen aufgetragen?»

«Du weißt es ja schon: ein Mädchen, Tunculuchú, ein schönes Mädchen, das einem Manne eine Frau zu sein versteht.»

«Ich brachte sie dir, ich brachte sie dir, aber du weißt es nicht.»

«Wo ist sie, wo ist sie, Tunculuchú?»

«Schau über deine Schulter und sage mir dann, ob du zufrieden bist.»

«Tunculuchú, du weiser Vogel, ich sehe sie nicht. Du spottest meines Verlangens.»

«Du solltest gar keine Augen haben, armer Knabe, denn du verschleierst sie mit deiner Ungeduld.»

«Wo hast du sie denn hingestellt, daß ich sie nicht finde?»

«Hinter der Luft, hinter der Sonne ist sie verborgen.»

«Gib sie mir schnell, Tunculuchú, denn ich sterbe schon vor Erwartung.»

«Schau doch, schau sie doch an! Sie hat Augen wie glänzende Sterne; ihr Mund ist röter als eine Kaktusblüte, ihre Hände sind zart wie Wachs; ihr Körper ist voll Anmut, und sie spricht schön und singt, wie der Vogel Zenzontlé singt. Gefällt sie dir so?»

«Ach, ich sehe sie nicht! Warum betrügst du mich?»

«Ich betrüge dich nicht. Schau doch, schau sie doch an! Willst du, daß sie sich auch darauf verstehe, schöne Kleider zu machen, das Haus zu fegen, gute Speisen aufs Feuer zu stellen, weißen Mais zu

mahlen und dir duftendes Brot zu geben? Willst du ein Mädchen nur zum Anschauen, oder eine saubere Frau, die dir zur Seite steht? Dort ist sie; es gibt keine zweite wie die, die ich dir brachte.»

«Tunculuchú, ich sehe sie schon! Doch sie entgleitet mir zwischen den Händen! Ich sehe sie schon, aber sie ist nur aus Rauch! Ich kann sie nicht einmal küssen, denn sie flieht vor mir wie eine Wolke, die der Wind davonträgt!»

«Das ist die einzige, die du wolltest. Wenn du sie verdienst, dann wirst du sie erringen. Ich brachte sie dir, ich lasse sie dir. Verliere sie nicht, denn es gibt keine andere.»

«Tunculuchú, hast du mir kein anderes, besseres Geschenk gebracht als dieses? Warum gehst du und kehrst nicht mehr zurück?»

«Weil du schon hast, was du verlangtest. Ich gehe woanders hin, wo man mich auch erwartet. Tunculuchú! Alle sagen mir, ich möge ihnen bringen, was sie sich wünschen, aber keiner will es erringen. Tunculuchú, tunculuchú! Niemand wünscht sich das, was er schon hat, und niemand weiß, um was er mich bittet. Ich fliege. Tunculuchú!»

Sechstes Buch

DIES IST DAS BUCH DES WANDERERS UND DER XTABAY

Der Wanderer

Wenn die Sonne sinkt und die Luft kühl wird, dann geht im Mayab der Wanderer seiner Wege.

Manche sind breite Wege aus weißen Steinen, ohne Steigung und ohne Gefälle. Sie wurden von unseren uralten Vätern von Dorf zu Dorf gelegt und sind noch heute zu brauchen. Die anderen sind Pfade, welche die großen Tiere in den Wäldern gebahnt haben, und auch die Menschen gehen auf ihnen und kürzen ihren Weg ab.

Der Wanderer geht immer schweigend und gleichmäßigen Schrittes, und so macht er lange Tagesreisen, ohne zu ermüden.

Höre und lerne alte Dinge! Der Wanderer, der sehr weit gehen wird, hält nicht inne, um die Dinge des Waldes oder des Bodens zu betrachten. Er wandert und wandert, immer im gleichen Schritt, und blickt nur nach vorne.

Wenn er hinter sich Stimmen von anderen, die da kommen, hört, wendet er nicht den Kopf, um zu schauen, und wenn sie an ihm vorübergehen, fragt er sie nicht, wohin sie gehen. Wenn sie ihn um Wasser bitten, reicht er ihnen die volle Kürbisflasche; wenn sie ihn fragen, so antwortet er, und sonst nichts. Und er geht weiter.

Manchmal, wenn die Sonne im Untergehen ist und er viel gewandert ist, fühlt er, daß die Müdigkeit in ihn sinkt. Dann reißt er von einem Baume ein Zweiglein mit grünen Blättern und schlägt sich damit sanft auf die Knie, während er wandert.

Das belebt seine Kräfte, und bei jedem Schritte wird er munterer und vergißt die Müdigkeit. Wenn er eine Last trägt, dann wird sie ihm leichter, und seine Füße werden flink. Liebkosend schlägt er mit dem Zweige einmal das rechte und dann das linke Knie, und so kommt er zum Ziele und bedarf keiner Rast. Verstehst du das? Das weiß man seit tausend und mehr Jahren, und es scheint sehr einfach.

Es ist, als ob der Wanderer, der schweigend auf den Wegen geht, neue Dinge lernte, denn sein Denken hält den Takt seiner Schritte und wandert auch.

Wenn er seine Aufmerksamkeit den kleinen Dingen auf der einen und der anderen Seite zuwendete und jeden Augenblick stehenbliebe, käme er nicht zur rechten Stunde an sein Ziel.

Wenn er liefe, um schneller anzukommen, so käme er später an, denn nach der Anstrengung müßte er eine Weile ausruhen. All das weiß der, der sich im Mayab auf den Weg begibt.

Der Wanderer nimmt in seinem Ohre den Gesang des Vogels und das Brüllen des Jaguars auf, aber er hält nicht inne und beeilt sich nicht.

Und er ist nicht allein. Viele Dinge begleiten ihn. Die einen zu seinem Wohle, die anderen zum Schaden.

Wenn es auf dem Wege dunkel wird und die Sonne nicht mehr die Erde sieht, dann schwebt der große Vogel herab, der Pujuy heißt, das ist der Vogel, der aus der Tiefe und der Blässe des Abends kommt. Er erscheint nur zu der Stunde, in der es weder Tag noch Nacht ist, und er ist von der Farbe der Asche, zu der die Sonne sich verzehrt hat.

Alle, die in der letzten Stunde der Abenddämmerung wandern, sehen diesen Vogel. Mit seinen weitgespannten Fittichen fliegt er vorüber und fällt plötzlich mitten auf den Weg, vor dem, der darauf geht. Er stößt einen Schrei aus, der keinem anderen gleicht, und wartet, bis der Wanderer sich ihm nähert.

Dann schüttelt er seine breiten Flügel, schreit und fliegt fort und erscheint ein Stück weiter von neuem. Der Wanderer sieht den Abendvogel immer vor sich, schreiend und fliegend, bis es völlig Nacht wird. Dann sieht und hört er ihn nicht mehr.

Wer gewöhnt ist, auf den Wegen zu gehen, und wer die Einsamkeit kennt, weiß, was der seltsame Vogel will, der nirgends sein Nest hat und niederschwebt, um die Wanderer zu suchen, und der vor ihnen schreit.

Wer ihn noch nie gesehen hat, dem macht er Angst. Denn was er tut, ist sehr sonderbar, und sein Schrei ist kalt und zitternd wie der eines sterbenden Kindes. Außerdem kommt er nur in der Stunde, in der die Dinge, die man sieht, andere zu sein scheinen.

In der Stille des Weges ruft sein Schrei den Wanderer, seine Flügel erregen Wind, und sein Schatten schwebt vorbei, als peitschte er die Augen.

In dem Augenblick, da es Nacht wird, fliegt er und fällt gerade vor die Füße des Reisenden und schreit zum letzten Male, als schmerzte es ihn, daß man ihn nicht versteht, als verlöre er die Hoffnung. Und dann fliegt er mit mächtigem Rauschen seiner Flügel davon, um nicht mehr wiederzukommen. Was soll das bedeuten?

Es ist eines der geheimnisvollen Dinge, die es auf den Wegen gibt. Es scheint, als wäre es gar nichts, aber es bedeutet viel. Wenn du ein Wanderer bist, so denke darüber nach, und vielleicht wirst du es verstehen.

Im Mayab kann man des Nachts wandern, auch wenn der Mond nicht kommt und die Sterne in der Schwärze verborgen sind.

Denn die Erde des Mayab hat Licht. Ein Licht ist es, das von unten kommt und sich durch die Nacht verbreitet, um dem, der es braucht, zu leuchten.

Denn die Erde des Mayab ist heilig und war es, noch ehe sie einen Namen hatte. Heute ist unter ihr, was in uralten Zeiten auf ihr war. Und das ist es, was Licht gibt.

Der Indio geht tief in der Nacht allein und schweigend durch das Dickicht der Wälder und hört, was er nicht sieht. Denn aus der Erde kommen Stimmen, die zu ihm reden.

Voll guter Ruhe und Frische ist die Nacht für den Wanderer, der zu sehen und zu hören weiß und die Macht der Erde spürt.

Heilig ist die Erde des Mayab.

Wenn du von jungen Jahren bist und mutigen Herzens und frohen Gesichtes, und wenn du einen rennenden Hirsch in deinen Armen aufhalten kannst –

wenn du weißt, wie süß es ist, sich am Vanilleduft des Haares der Frauen zu berauschen, und wenn du es verstehst, ihren Mund zwischen deine Lippen zu pressen, um seinen Saft wie den einer reifen Pflaume zu kosten –

wenn du deine Füße nicht ruhig auf dem Boden lassen kannst, sobald ein Mädchen an dir vorübergeht, das dich ansieht und lächelt; wenn du Kraft hast, siebenmal an einem Tage zu lieben, aber nicht, um ein einziges Mal der Liebe zu widerstehen –

dann wehe dir, armer Jüngling, wenn die Xtabay den Weg kennt, den du auf der Rückkehr vom Feste einschlägst oder auf der Suche nach der, die im Innersten deiner Seele lebt!

Wehe dir! Die Xtabay ist die Frau, die

du in allen Frauen begehrst und in keiner noch gefunden hast. Wehe dir, wenn du sie eines Nachts vor deinen Schritten erscheinen siehst!

Wenn du sie siehst, so wirst du finden, daß sie so schön ist, wie du nicht glauben konntest, daß eine Frau es sein kann. Denn du konntest dir vorstellen, daß sie wie der Mondstrahl ist, der durch die Blätter dringt. Aber sie ist mehr als das.

Du konntest glauben, daß sie wie eine Blume ist, die sich im Morgengrauen öffnet und feucht ist vom Weinen der Nacht und duftet wie ein Räuchergefäß vor dem Gotte. Aber sie ist mehr als das.

Du wirst geträumt haben, daß ihre Augen voll von Sternen sind und ihre Stirne leuchtet wie eine Wolke, in der die Sonne sich spiegelt. Aber sie ist viel mehr als das.

Wenn du sie nennen hörst, du Ärmster, dann zitterst du und erinnerst dich an die Macht der bezaubernden Stimme deiner Geliebten und an die Süßigkeit ihres Mundes, der für dich wie Wachs mit Honig ist, und dann brennt dein Denken wie Kohlenglut, und du sprichst in deinem Inneren: «Sie ist es, die mir auf meinem Wege begegnen wird.» Aber wollte dein Schicksal, daß die, welche du fürchtest und begehrst, nie vor deinen Augen erschiene! Denn die Jungfrau, die heute die Liebe deiner Nächte und Tage verzehrt, wird für dich weniger sein als ein trockenes Blatt, das im Winde deiner Erinnerung zu Staub zerfällt, und du wirst niemals mehr etwas von ihr wissen wollen. Wenn du die Xtabay gesehen hast, dann wird es dir scheinen, als habest du zum ersten Male das Leben kennengelernt. Wehe dir!

Sei vorsichtig! Wenn du im Mondlicht und unter den Sternen allein des Weges gehst, wird der Wind des Ostens über dir wehen, und du wirst dich fühlen, als blühtest du auf wie der Baum im Regen. Dann wirst du jung sein, als hättest du dreifache Jugend, und die Xtabay, die dich belauert hat, wird dir plötzlich erscheinen.

Ganz in Weiß gekleidet wirst du sie über der Erde erstrahlen sehen. Du wirst ihr langes, schwarzglänzendes Haar sehen und ihre Hände, die es flechten und mit einem Blatte des Ramón-Baumes kämmen; und du wirst ihre Füße sehen wie zwei kleine Vögel, die nahe am Boden fliegen.

Unglücklicher! Du wirst fühlen, wie ihre Blicke gleich zwei Pfeilen, die du nicht herausreißen kannst, dich durchbohren. Sie sind wie die Wurfspieße, die man verwendet, um den Affen zu jagen, die sechs Widerhaken haben und eindringen und nie mehr herauszuziehen sind. Unglücklich bist du, denn du fühlst weder Angst noch Schmerz, sondern nur Glückseligkeit bis zum Irrsinn; du hast das Begehren gesehen, und bei seinem Anblick hat sich dir das Herz geöffnet!

Sie zeigte sich dir in der Luft, auf einem

großen Stein, den sie beim Stehen kaum berührte, oder über das Gehege des Maisfeldes gleitend, und sie ging vor dir, als zöge sie dich nach.

Ah, wie schnell du hinter ihr herläufst, die dich mit der Hand ruft und dir mit dem Munde zulächelt und ihre Blicke bis in die innerste Wurzel deines Seins versenkt! Wie ihre Lippen säuseln, so daß man nicht weiß, ob es Stimme oder Kuß ist! Wie ihr Körper blendet, so daß man nicht weiß, ob es Licht oder Feuer ist!

Sie verschwindet hinter einem Baum, und wenn du stehenbleibst und dich erholst und deine Augen reibst, erscheint sie von neuem in deiner Nähe. Sie flieht wie ein Hauch, und du verfolgst sie wie ein Seufzer.

Ein toller Wettlauf ist es, der dich hinreißt, du Liebestoller! Aber wenn man dein Leben verlangte, damit du sie einmal berühren darfst, so würdest du es siebzigmal hingeben. Unglückseliger!

Sie entwischt wie ein Kolibri, und du eilst hinter ihr her wie die Spitze eines

Speeres. Wohin führt sie dich und wohin gehst du?

Ah, du wirst es nie erzählen, denn du wirst nicht zurückkehren! Keiner ist jemals wiedergekommen, der der Xtabay gefolgt ist. Und alle, die sie sahen, folgten ihr. Wo sind sie, die nicht wiederkehren? Niemand weiß es, das sagt jedermann.

Es gibt einige, die sich mit ihrem Mute wappneten wie mit einem Panzer aus gehärtetem Leder und die in der tiefsten Stille einer hellen Nacht bis zu jenem Stamme der Ceiba-Bäume gelangten, in welchem die Xtabay wohnt. Mit Zauberei wollten sie sie dazu bringen, herauszukommen, um sie zu befragen. Aber sie kam nie zu denen, die sie so oder auf andere Art riefen.

Sie erscheint auf dem Wege dessen, der allein geht und anmaßend ist und an eine Liebschaft denkt. Denn dieser wird ihr unweigerlich folgen. Den, der weiß, daß er ihr nicht folgen darf, ruft sie nicht.

In der Tiefe der Erde, dort, wo die verzauberten Ceibas wurzeln, sind die Hunderttausende von Burschen gefangen, die die Xtabay weggeführt hat. Wenn diese sich daran erinnerten, daß die Welt besteht, würden sie vielleicht zurückkehren, um uns zu erzählen, was niemand weiß – und niemand wissen wird, denn sie kommen nie wieder.

Mögest du von der Hexenkunst der Xtabay verschont bleiben, verliebter und glücklicher Jüngling, der du ihr nicht widerstehen könntest. Wenn ich dir einen Talisman geben könnte, so würde ich es tun. Es gibt einen, aber ich kann ihn dir nicht geben.

Nur der besitzt ihn, der bis zur Xtabay gelangt ist und ihr ein Haar ihres Hauptes ausriß, denn dann folgte sie ihm wie eine Sklavin, und er war ihr Herr, er befahl ihr zu gehorchen, und sie gehorchte. Wer ist dieser Mann? Wo ist er?

Suche ihn, wenn du Glauben hast; und finde ihn, wenn du Kraft hast!

Doch unterdessen – wehe dir, wenn du auf dem Wege jene findest, die wie der Rauch entfliehen wird und der du folgen wirst wie der Wind; jene, von der du, wenn sie dich gefangennimmt, glaubst, sie komme aus dem Stamme einer Ceiba, und die doch nur dem Grunde deines eigenen Herzens entsteigt!

Die Schildkröte

Im Mayab gibt es die kleine Schildkröte, die auf der Erde geht und im Wasser schwimmt.

Manchmal merkt der Holzfäller, daß unter seinen Füßen sich etwas bewegt; er schaut und sieht die Schildkröte, die bedachtsam flieht. Sie macht keinen Lärm und geht überallhin. Zwischen den sonnenheißen Steinen kriecht sie ebenso heraus wie aus dem feuchten Lehm; sie geht unter den Haufen trockener Blätter durch, und wenn sie zu einer Wand kommt, macht sie ein Loch, kriecht durch und geht weiter.

Man legt Feuer an das Dickicht, um den Mais zu säen, und alles verbrennt, und die Tiere der Erde sterben, der Hirsch, der mit seinem Geweih in den Ästen hängenbleibt, ebenso wie das Kaninchen, das sich in seiner Erdhöhle versteckt. Nicht aber die Schildkröte, denn sie bleibt still und steckt Kopf und Füße in ihre Schale und leidet höchstens ein wenig Hitze.

Weder die Luft noch das Wasser, weder die Erde noch das Feuer schaden ihr,

denn sie ist demütig und klug. So ist die kleine, glänzende Schildkröte des Mayab Sinnbild der Beständigkeit und der Reinheit.

Sie hat vier Pfoten mit blanken, feinen Nägeln. Mit ihnen klammert sie sich an den Boden, um zu gehen, und mit ihnen schwimmt sie, um die Seen zu durchqueren. Sie geht von einem Ort zum anderen und trägt schweigende Botschaften in die Ferne.

Wenn auf Erden etwas Schlimmes geschehen wird, dann geht die Schildkröte hinunter in das Wasser der Brunnen und bleibt dort viele Tage, bis das, was oben geschehen muß, sich ereignet hat. Dann kommt sie gewaschen und schön heraus und ergeht sich im Sonnenschein, schimmernd, das rote Köpfchen mit den zwei runden, friedlichen und glänzenden Äuglein erhebend.

Wie die guten Menschen in alter Zeit, so lebt die Schildkröte wandernd und schweigend hundert und mehr Jahre.

Ihr ganzes Leben lang und auch nach

ihrem Tode lehrt sie uns sanfte und erhabene Dinge.

Wer sie absichtlich tötet, stiftet großen Schaden und begeht ein Verbrechen vor dem Geiste von Oben. Wenn sie von selbst stirbt, dann ist es recht, aus ihrer kostbaren leeren Schildpattschale Schmuckgegenstände zu verfertigen oder eine gespannte Saite hineinzutun, um heilige Musik zu machen.

In den großen Zeiten des Mayab wurde die Schildkröte auf den Leisten und den Toren der Tempel in Stein dargestellt.

Sie war wie ein Wort der Götter, das die Menschen verstehen konnten.

Die Eule

Das Zeichen der Nacht und des Todes ist die Eule, die im Winde des Westens einherfliegt und über den Häusern der Menschen pfeift.

Wenn du sie hörst, läuft dir kalter Schauer über den Rücken, und du öffnest

die Augen voll Schreck. Irgendeinen Grund wird das wohl haben.

Manchmal sitzt der Indio auf seiner Holzbank beim Herd und wartet, daß sein Trank koche. Da kommt die Eule und pfeift. Der Indio denkt, daß er sterben wird, und blickt sein Weib und seine Kinder traurig an.

Die Eule singt dreimal und geht und kommt wieder. Sie fliegt niedrig durch die Luft, und wenn der Mond scheint, dann gleicht sie einer Aschenflocke, die sich in der Nacht bewegt.

Sie pfeift dreimal und jedesmal stärker. Wenn du sie nie pfeifen gehört hast, will ich dir sagen, daß es klingt, wie wenn du eine neue Decke in der Stille zerrissest, aber noch schärfer.

Wenn du dreimal drei Pfiffe von ihr hörst, dann zähle die Tage, die vergehen, und wenn der neunte kommt und nichts Böses in deinem Hause geschehen ist, dann segne den, der über Tod und Schmerz verfügt, denn diese kamen zu dir und wurden von dir genommen.

Die Augen der Eule sind zwei grüne Lichter wie jene, die im Schatten über den Gräbern brennen. An den Füßen hat sie Krallen, und mit diesen umklammert sie die Seelen in der Luft und trägt sie fort. Ihre Flügel sind dunkel von Kohlenstaub, und sie ist die Freundin der Hexen und derer, die aus der Ferne Böses anzurichten wissen.

Sie tötet die goldfarbenen Kolibris, die im Lichte der Sonne geboren werden, wenn sie sie wach fangen kann, ehe sie mit den weißen Lichtern weggeflogen sind.

Sie hackt den schlafenden Kindern die Augen aus, stößt die Fackeln herunter und wirft die Lampen zu Boden, um das Licht zu töten.

Sie lebt in den Löchern alter Mauern und pflegt mit keinem guten Geschöpfe Umgang. Selbst die Schlangen und Kröten fürchten sie. Irgendeinen Grund wird das wohl haben.

Wenn rauh und dunkel der Westwind kommt, dann wird die Eule fröhlich und erhebt sich zum Fluge. Schütze dich vor diesem Wind, der Krankheit und Schaden bringt!

In den fünf bösen Tagen, die alle acht Jahre einmal kommen, ist die Eule Vorzeichen und Merkmal. Rette dich vor ihr!

Befestige an der Tür deines Hauses einen Zweig duftenden Krautes, und wenn der verhexte Wind kommt, zünde dein Licht so an, daß es nicht ausgelöscht werden kann.

Es ist so, daß die Eule kommt, sobald sie kommen muß, und wenn sie dreimal pfeift, bedeutet das, daß der Tod sich dem Indio nähert.

Alle sagen, daß dies nicht wahr sei; aber alle wissen, daß es so geschieht. Irgendeinen Grund wird es wohl haben.

GESANG VOM GUTEN UND VOM BÖSEN BAUME, VOM KOLIBRI, VON DER SONNENBLUME UND VON DER GLOCKENBLUME

Der Chechém-Baum und der Ceiba-Baum

Süße Musik wollen wir auf der tönernen Flöte erklingen lassen, gleich den «Holpopes» im alten Mayab. Wir wollen die einfachen Töne spielen und mit friedlichen Worten singen.

Was der Wanderer mit seinen Augen gesehen hat, das hat er im Herzen bewahrt, und von dort nimmt er es, um es dem Winde zu geben, damit er es trage wie das Echo der Musik.

So wie es Gutes und Schlechtes gibt, Schwarzes und Weißes, Osten und Westen, Mann und Frau, so gibt es im Mayab den Chechém-Baum und den Ceiba-Baum.

Diese beiden großen Bäume werden seit Urzeiten in allen Teilen des Landes gepflanzt, und wer sie kennt, der weiß, wofür der eine und wofür der andere geschaffen ist.

Der Chechém ist traurig und ist der böse Baum, der Macht hat, zu strafen. Er lebt von Gift und gibt Gift. Wer in seinem Schatten einschläft, der wacht nicht mehr auf, denn er stirbt im Schlafe. Und selbst wenn er sich noch rechtzeitig erheben und mit Aufgebot aller Kraft davonlaufen kann, bleibt er verwundet und verrückt sein Leben lang.

Der Chechém täuscht den, der ihn nicht kennt, und lockt ihn in seinen Schatten, wenn die Sonne schneidet wie

ein Messer und beim Atmen der Hauch den Mund verbrennt. Wehe dem, der ihm traut und sich hinlegt, um unter dem bösen Baume zu ruhen. Er wird seinen Weg nicht mehr weitergehen. Und er wird nicht mehr der sein können, der er war.

Die aber, welche es wissen, sagen, daß der, den es in den Schatten des Chechém treibt, aus irgendeinem Grunde hingetrieben wird. Dieser Baum hat, so wie alle Bäume und alle Dinge, seinen Yumil – das ist sein Geist und sein Herr. Er ist es, der die Strafe auf ihn niedergießt. Wenn du es nicht glaubst, so frage ihn.

Aber selbst die Vögel wissen es und werden in der Krone des Chechém nicht ihre Nester bauen und nicht singen. Die Hirsche wissen es und nähern sich nicht, auch wenn sie vor Durst brennen und einen Tümpel im Schatten des Baumes erblicken. Der Chechém straft nur die Menschen, die weniger wissen als Würmer und mehr Schaden stiften als Jaguare.

Wenn du nahe am bösen Baume vorbeikommst, so denke daran, daß es dich eines Tages locken könnte, unter seinen Blättern zu schlafen. Entferne dich und erinnere dich an das, was du tun mußt, um nicht dann, wenn du es am wenigsten erwartest, deine Strafe zu erleiden.

Es gibt auch den schönen, heiteren Ceiba-Baum, der einen glatten, breiten Stamm hat und Äste, so lang und gerade wie ein Dach. Dort hängen die goldfarbenen «Yuyumes», die zur Morgensonne hinaufsingen, ihre Nester hin, und dort machen die Tauben halt, um sich zu liebkosen.

Der gute Wind haust in der Krone der Ceiba, und die leuchtenden Schmetterlinge, mit blauen und grünen Flügeln, umkreisen ihn.

Die Erde, in welcher dieser Baum seine Wurzeln schlägt, ist immer feucht und lebendig. Denn er ist heilig und liebreich und spendet den Schatten der Glückseligkeit. Darum werden die guten Menschen nach ihrem Tode sich unter die große Ceiba setzen, die über dem hohen Himmel steht. Dort gibt es immer schönes Wetter und Heiterkeit, und ein Jahr ist für sie wie das andere.

In alten Zeiten pflanzten die Menschen diesen Baum mitten auf ihre Dorfplätze, wie um zu zeigen, daß er der Mittelpunkt des Lebens und der Welt ist. Er stand in der Mitte aller Häuser und beschützte sie und spendete Ruhe.

Unter der Ceiba veranstaltete man Feste für Gastfreunde, dort knüpfte man die Bande der reinen Liebe und dorthin trug man die Bienenkörbe, um den Honig zu sammeln.

So ist der gute Baum und so ist der schlechte Baum im Mayab. Wenn du deines Weges gehst, schaue die Bäume genau an und wähle.

Der Kolibri

Deine Augen folgen den schönen Vögeln, die im Fluge deinen Weg kreuzen.

Du siehst den Kolibri, der im Sonnenschein blitzt, als wäre er ein Regentropfen, der alle Farben widerspiegelt.

Er ist wie ein kleiner Pfeil, der zitternd und leuchtend vorbeischwirrt. Wohin eilt der prächtige Vogel durch die Luft?

Er stirbt in deiner Hand, wenn du ihn fängst, und bleibt über den Blumen stehen, ohne ein Blütenblatt zu bewegen.

Der Kolibri ist ein geheimnisvolles Vöglein, das die Gedanken der Menschen dahin und dorthin trägt. Wenn sie dir etwas Gutes wünschen, bringt er dir den Wunsch, und wenn sie dir etwas Schlechtes wünschen, so bringt er es dir auch.

Darum fühlst du, wenn du ihn in deiner Nähe fliegen siehst, manchmal Ruhe, als ob man eine Blume an deine Brust steckte, und ein andermal wieder Unruhe, die dich sticht, als ob man dir einen scharfen Dorn ins Herz stieße.

Wenn du einmal zugesehen hast, wie man Zauberkunst ausübt, dann wirst du sicher auch den Kolibri, an einem Füßchen mit dem Faden des Hexenmeisters festgebunden, gesehen haben.

Schau, wie er gleich einem Lichte, das im Lichte glüht, vorbeifliegt, und denke daran, daß er deinen Wunsch nehmen und zu den anderen bringen wird, und dann wird er von den Seelen der anderen wieder zu dir kommen.

Berühre ihn nicht, wenn er um dein Haupt fliegt, aber schütze dich, indem du Gutes denkst und allen nur gute Dinge wünschst.

Der Kolibri ist der Speer, der aus Händen kommt, die man nicht sieht, und er leuchtet im Lichte wie die Blicke derer, die im Dunkeln Wünsche hegen.

Aus irgendeinem Grunde kreuzt er deinen Weg; vielleicht zum Guten, vielleicht zum Bösen. Dein Herz muß es wissen.

Die Sonnenblume

Auf den Feldern des Mayab gibt es unter den einfachen Blumen und den guten Kräutern die heitere Sonnenblume, die rund ist und gelb und auf dem Berge zu leuchten scheint.

Du glaubst, daß diese Blume dich ansieht, doch bist nicht du es, zu dem sie schaut, sondern die göttliche Sonne. Aber wenn sie auch die Dinge des Unten nicht ansieht, so erblickst du die Dinge des Oben in ihr. Dafür wurde sie dir gegeben. Damit du dich des Lichtes erinnerst, das du nicht anschauen kannst, ohne geblendet zu werden.

Kaum öffnet sich der Mund des Tages, um die Nacht zu verschlingen, erhebt die Sonnenblume ihr Antlitz und schickt sich an, das Licht von Oben zu schauen. Nach diesem richtet sie sich und verfolgt es mit dem Blicke auf seinem ganzen Wege. Es scheint, als habe diese demütige Blume die Form der Sonne angenommen. Denn sie schaut nichts an als diese, und ihr gleicht sie.

Setze dich vor sie und erhebe deinen Geist, um zu denken, während du sie betrachtest. Schau, wie die Blume sich öffnet und sich bereit macht, die heiße, helle Liebe, die sich auf sie niedersenkt, zu empfangen. Es scheint, als wäre sie für nichts anderes da, inmitten all dessen, was es auf der Welt gibt.

Du wirst sehen, wie sie sich beugt und allmählich wendet, um in der Schau der Sonne zu verbleiben. Du wirst sehen, wie

sie später, wenn der Tag zur Ruhe geht und Dunkelheit die Luft durchdringt, sich schließt und in sich selbst zurückzieht, um das Licht, das sie empfangen hat, zu bewahren.

Schau das gut an und lerne! Und wenn du auf deinem Wege diese glückliche Blume findest, pflücke sie nicht, sondern streichle sie liebreich und seufze voll Zartheit. Und wenn du dich um irgend etwas bemühen willst, dann bemühe dich, in deinem Inneren so zu sein wie sie, und nimm dir in deinem Herzen vor, das zu tun, was sie tut.

Es gibt auch die blaue Blume, die Xhaíl genannt wird; das ist die anmutige Glokkenblume, die im Winde sich wiegend lebt, von den Gehegen hängt und an den Bäumen hochklettert, um sie zu schmükken.

Diese Blume hat ein Geheimnis, das sie dem, der sie darum fragt, manchmal verrät.

Die Sprache der Glockenblume ist ihre Farbe.

Nimm sie am Morgen eines Tages, der für diese Dinge günstig ist, und trage sie dorthin, wo niemand dich sehen kann.

Wenn du weißt, was der «saastún» ist, jener durchsichtige Stein, durch den man sehen kann, was in der Zeit noch fern ist und was die Augen, die hier auf Erden weinen, nicht schauen können, dann suche so einen Stein und betrachte durch ihn die Blüte der Glockenblume.

Sie wird dir sagen, was sie dir zu sagen hat.

Du wirst sehen, daß sie rot wird wie die Farbe des Blutes, oder du wirst sehen, daß sie weiß wird wie die Farbe der Ruhe. Und du wirst sehen, daß sie trocken ist und herabhängt, nachdem sie zu dir gesprochen hat.

Wenn im Regenwind Blitze zucken, wird die Glockenblume dunkel, und wenn über ihr die sanfte Luft weht, die von den grünen Ebenen kommt, dann nimmt sie die Farbe der Sonne an.

Alles will etwas bedeuten, und ich wiederhole jetzt nur, was man im Mayab immer wieder sagte: daß es ein Land geheimnisvoller und uralter Dinge ist, wo alles im Schweigen redet.

Siebentes Buch

DIES IST DAS BUCH VON MANÍ, UND DAS WILL SAGEN: ALLES VERGING

Maní

I

Werde ohnmächtig, Tochter des Mayab, wie die Blume in der Schale, wenn die Sonnenstrahlen sie versengen. Schlafe seufzend ein wie die junge, vom Laufen müde Hindin.

Schließe die Augen und lehne dich im Schatten zurück, nahe beim frischen Quell, und berausche dich an süßem Traume und vergiß alles.

Vergiß, Tochter des Mayab, daß du im Hause des leuchtenden Himmels geboren wurdest, wo bei Tag die Steine schimmern wie Gold und nachts die Sterne

Flügel bekommen und sich herabsenken, um mitten unter den Menschen zu fliegen.

Vergiß, daß deine Mutter schön war und einem offenen Granatapfel ähnlich, der lachend seine fröhlichen Körner verstreut, und daß dein Vater mutig und glücklich war und mit flinkem Fuße die Erde berührte, die ihm gehorchte.

Vergiß, daß sie dich, als du klein warst, an einem hellen Tage dorthin führten, wo der Boden aus feinem Sande besteht, wo die Erde aufhört und das große Meer beginnt, das sich den ganzen Tag und die ganze Nacht bewegt. Du sahst die Wasserfläche, die keine Wege hat, und du atmetest voll Glück den scharfen, salzigen Wind. Erfüllt von Leben, zittertest du, als du die Augen dem öffnetest, was kein Ende hat. Vergiß es, Tochter des Mayab!

Vergiß, daß die zarten Maiskolben auf dem Felde deines Vaters neben dir reiften und daß du in jener Zeit, einer goldfarbenen Heuschrecke gleich, mitten durch das Maisfeld sprangst.

Vergiß, als wäre sie nie gewesen, die milde Nacht des Monats Moán, als dein Haar duftete und ein junger, verwegener Mann seine Lanze auf die Schwelle deines Hauses legte und dich dann auf den Mund küßte.

Lasse deine Sinne schwinden, Weib, und schlafe, damit du nicht wissest, daß du geboren wurdest, als das, was du hattest, nicht mehr dein war und das Feuer deines Herdes erloschen war, und daß es für deine Augen nichts mehr gibt als das Weinen deines Blutes.

Vergiß, daß du ein Weib bist und daß du im Schoße einen Sohn tragen wirst, denn er wird an deinen Brüsten ein Leben der Tränen und der Knechtschaft trinken.

Vergiß dich selbst, Tochter des Mayab, vergiß dich selbst, denn du warst eine Frau, als der Wille der Götter sich änderte, und das, was war, ist nicht mehr.

Tochter des Mayab, öffne die Augen nicht und bewege dich nicht und erinnere dich an nichts, denn alles verging.

II

Alles verging! Was wurde aus dem König Ah-Cuitók, der hart und glänzend wie ein Kiesel war und auf der ganzen Erde mit dem Schatten seiner Finger verzauberte Städte säte?

Was wurde aus Hunacél, der inmitten der Heere schimmerte, mit den Strahlen des Himmels bekleidet und mit den Sternen der Nacht gekrönt?

Was wurde aus den achttausend Tausenden von edlen Kriegern, die unter den Torbögen von Cobá durchzogen, die Stirnen gekrönt mit Federn von allen Vögeln der Welt? Wo sind die Pfeile des Prinzen Nazúl, die die Wolkenhirsche erlegten, und wo ist Ek-Balám, der die Herden von Jaguaren auf die Weide führte?

Was tat man mit den heiligen Toren von Chichén Itzá und denen der sieben Tempel von Uxmál, die weithin über die Ebene und die Wasser leuchteten? Wo lehrt man die Weisheitsworte der zwanzig Söhne von Itzamatúl? Wo erklingt die Zimbel von Yaaxchilám, die alle Männer

des Landes zum Wissen der geheimen Dinge zusammenrief?

Womit endete der Frieden des Landes, in welchem der Flug des Goldfasans leuchtete und der Hirsch aus den Händen der Kinder Nahrung nahm?

Itzá verging und Palenque verging, die großen und heiligen Städte, und das leuchtende Uxmál verging, wo Dinge geschahen, die nie wieder geschehen werden, und Mayapán verging, das Banner und der Turm der Maya. Alles verging!

Nichts bleibt dem Mayab als Maní, das Grab der Gräber, und in Maní steht geschrieben: «Alles verging.» Der Wind, der müde und rot an den Abenden kommt, bringt über Maní den Staub der Größe von einst.

Die letzte von allen Städten ist traurig. Sie hat nichts als Erdhütten und Straßen voller Kieselsteine. In den Türen spinnen weinende Weiber, und die Männer schärfen die schwarzen Äxte, ohne zu reden.

In einer verborgenen Höhle wachen, ohne bei Tag oder Nacht ein Auge zu

schließen, sieben Greise über die sieben heiligen Dinge, die niemand sehen kann und niemand versteht. Beim Eingang sitzt eine Hexe neben ihrer gelben Schlange. Wenn du dort mit deinem Kinde vorbeikommst, wird die Hexe es von dir verlangen, und du mußt es ihr geben, damit die Schlange, die die Farbe der Krankheit trägt, es verschlinge. Man sagt, daß der Mayab damit einen Tribut bezahlt.

Die Schlange mit den Federn aus Gold fliegt nicht mehr, ach, sie fliegt nicht mehr durch die klare Luft. Entschwunden ist Kukulcán, für immer gegangen.

Kratze dein Fleisch mit dem Kieselmesser, male dein Gesicht schwarz, beschmiere dein Haar mit Blut und schreie überall, wo du hingehst, dein Leid hinaus, mein Sohn!

Siehe, was von all dem Ruhme und all der Weisheit geblieben ist! Wozu bist du geboren worden, wenn nur Maní übrig ist! Maní, Maní! Alles verging, alles verging!

Die blutige Hand

Auf den Wänden der alten Tempel des Mayab, in den toten Städten, findet sich oft der Abdruck einer blutigen Hand.

Wenn du sie noch nie zuvor gesehen hast, dann wird beim Anblick der Hand das kalte Wasser des Entsetzens deinen Körper feuchten. Und wenn du sie schon kennst, dann wirst du nicht unterlassen, schweigend und nachdenklich vor ihr stehenzubleiben.

Rot ist die Menschenhand, die in der Höhe des erhobenen Armes eines stehenden Mannes auf die Wand gemalt ist, sei es auf feinen Stuck, sei es auf geglätteten Stein. Es ist so, als hätte ein Mann seine Hand in Blut getaucht und sie dann mit der Innenfläche gegen die Mauer gepreßt. Es ist etwas, das erzittern macht.

Du betrittst, mit dir allein, den Tempel und gehst langsam weiter, bis du zur blutigen Hand kommst. Da ist sie, und du siehst sie ganz rot im Schatten des Saales – geheimnisvoll wie ein Zeichen auf dem Grunde der Zeit und voll Majestät wie das Bild eines Gottes.

Was denkst du?

Es ist ein seltsames Rätsel, das dich aus der Tiefe und dem Dunkel befragt, und du antwortest mit Fragen. Sonst nichts.

Du denkst daran, daß man dir erzählt hat, es sei das Zeichen eines Prinzen, der seinen Bruder tötete und dann durch alle Städte ging, herumirrend und traurig, und der, wo immer er sich aufstützte, den Abdruck seiner blutigen Hand zurückließ.

Du denkst daran, daß man dir sagte,

diese Hand sei das Siegel der Herrschaft der siegreichen Krieger über die besiegten Städte, als der große Mayab seinem Ende zuging.

Du denkst all das, was einem einfällt, der vor einem seltsamen und uralten Dinge steht, das er nicht begreift.

Die alten Indios, die du fragst, schweigen und senken das Haupt und sagen nichts. Vielleicht wissen sie es, aber sie sagen es nicht.

Wenn einer darüber spräche, so würde er dir sagen, daß diese Menschenhand von keinem Menschen dort aufgedrückt wurde. Und vielleicht würde der, welcher so redet, etwas Wahres sagen.

Viele Hände gibt es von diesen, die als rote Sinnbilder die alten, verlassenen Tempel in der ganzen Breite und Höhe ihrer Mauern aus schweigendem Stein kennzeichnen. In den leeren, dunklen Sälen gibt es nichts Redendes als diese Hände, die zu leben scheinen und ohne Stimme sprechen. Du hörst sie, aber du verstehst sie nicht.

Dort erschienen sie vor mehrmals tausend Jahren und zeigten sich plötzlich und sprachen zu jenen, die sie verstehen konnten. Ihr blutiges Zeichen ist nicht nur auf der Oberfläche, sondern dringt durch den Kalkbewurf und den dicken Stein und kommt manchmal sogar auf der anderen Seite heraus, als ob die Mauer das Blut des roten Zeichens aufgesaugt hätte und man im ganzen breiten Körper der Wand innen in gleicher Weise gemalt hätte. Wenn du Mut hast, zerbrich einen dieser alten heiligen Steine, auf denen das Zeichen der Hand sich befindet, und wo

immer du ihn zerteilst, wirst du die Form der Hand finden. Wenn du dieses Wunder siehst – glaubst du, daß Menschen es bewirkt haben?

In den Zeiten, in denen Maní kam, was bedeutet, daß «alles verging», war dies sein Zeichen und seine Ankündigung.

Als die Menschen es erscheinen sahen, flohen sie aus den heiligen Städten, und diese blieben entvölkert zurück.

Damals geschah es, daß die Köpfe gewisser Figuren der Götter verschwanden, die nicht mehr gesehen werden sollten.

Damals geschah es, daß die Geheimnisse der hellen Weisheit in den tiefen Brunnen verborgen wurden und man überall die Tore des alten Heiligtums zumauerte.

Damals geschah es, daß alles verging!

Aber die rote Hand bleibt auf den Wänden, und nach Zeiten, die niemand ermessen kann, sehen die Menschen sie nun und erbleichen, und sie spricht ohne Stimme, und wer sie hört, der versteht sie nicht, aber er zittert.

Kinder der Kinder des Mayab, Kinder der blinden und tauben Kinder der großen Weisheit, die ihr an dem Tage, der sich nähert, kommen werdet, ihr werdet geboren werden mit Augen, um zu sehen, und mit Ohren, um zu hören, und mit Licht in euch, um zu verstehen.

Ihr, die ihr aus der Tiefe der Zeiten zurückkehren werdet, um auf dem heiligen Boden des Mayab zu wandeln, ihr werdet all seine Rätsel hören und sehen und der Welt erklären.

Bis dahin bleibt uns nichts übrig, als bleichen Gesichtes zu schweigen.

Nach den sieben Büchern

WIRD VOM FLUGE DES FASANS UND VOM SPRUNGE DES HIRSCHES GESUNGEN

Nun kommt, ihr Kinder des Mayab, und lauschet der Stimme, die mitten in der Nacht singt!

Zu euch, Kinder des alten Geistes, der in allen Dingen lebendig und verborgen ist, spricht euer Bruder der traurigen Zeit!

Er spricht zu euch in der Melodie, die im Winde klingt und die der Wind ihn lehrte, die er ihm ins Ohr sang an milden Morgen, an stillen Abenden, in den von Schweigen duftenden Nächten auf der Erde des Mayab.

Kommt mit mir, Brüder meines Blutes! Lasset uns fragen und wissen! Lasset uns unseren Weg, den lange verlorenen, suchen! Lasset uns auf dem heiligen Staube des Landes, das unsere schweigende Mutter ist, unsere letzten Tränen weinen. Und wenn wir alles erfahren haben, werden wir nicht mehr weinen.

Im Schatten des alten Baumes werden wir uns niederlassen, um zu denken, und werden den Boden voll von Samen sehen. Wir müssen unsere Augen trocknen, um in die Ferne blicken zu können, und unsere Herzen läutern, um zu empfangen, was uns bestimmt ist.

Lange Zeit waren unsere Augen verdunkelt und unsere Herzen unruhig und düster. Und wir konnten nichts erfahren.

Es gab eine Zeit, da alles groß und hell war, und hier, wo man jetzt Tränen des Schmerzes und der Knechtschaft weint, flog der Geist leuchtend und hoch, und der Körper regte sich voll Schönheit und Gesundheit.

In jener Zeit befolgte man das milde und gute Gesetz. Und dann vergaß man es.

Wir fragen die alte Zeit, und sie antwortet uns, daß man umkehren und sich erinnern muß.

*

Es gibt drei Dinge, auf denen die Weisheit ruht.

Diese drei Dinge sind das Feuer, die Flamme und das Licht.

Und das bedeutet: lieben, hoffen und glauben.

Wer weiß das nicht selbst? Und wer weiß nicht, daß das alles ist? Denn so war es früher, und heute ist es genau so wie einst.

Gehen wir gemeinsam, Kinder des Mayab, gehen wir gemeinsam den dunklen Weg und entzünden wir singend unsere Fackel! Denn der Samen des alten

Baumes ist auf unsere Erde gefallen, und in ihr muß er sprießen und aufblühen.

Der schnelle und schöne Hirsch, der frei und glücklich über die weiten Ebenen rannte, ist heute ein furchtsames und verfolgtes Tier, das in entsetzlicher Angst die Menschen flieht und sich zitternd im Dickicht versteckt, wenn es die trockenen Blätter unter den Schritten zerbrechen hört.

Er lebt, als wäre er gebunden und in einem Käfig gefangen, und sein Herz schlägt voll Zittern vor der Gefahr. Er ist nicht mehr, was er war.

Einst war er ruhig und zufrieden, ohne Furcht vor den Menschen, die gut waren und zu lieben wußten. Das goldene Korn war auch für ihn bestimmt, und die Frauen und Kinder gaben es ihm mit reinen Händen.

Der Hirsch war der Leib und der Fasan der Geist des Mayab, der Fasan, der hoch über den Städten dahinflog wie der Sonnenstrahl, der die Früchte des Lebens reifen läßt und auf dem Altare Dessen, der alles erschafft und alles erneuert, das Feuer entzündet.

Heute fliegt der Fasan nur ganz niedrig und verbirgt sich vor dem Schaden und der Lüge, ist traurig, und die Farben seiner Federn sind im Schatten dieser Zeit dunkel geworden.

Aber die Stimme in der Luft, die von weit her kommt und die alle hören, heißt den Sohn des Mayab die Augen öffnen und das Herz entflammen.

Denn der Fasan wird wieder in leuchtendem Fluge hoch oben schweben, und der zitternde Hirsch wird glücklich und frei auf der Erde unserer heiligen Väter springen.

Es wurde schon so viel auf ihr geweint!

Im großen Mayab gab es Propheten, die auf Gebot von Oben redeten. Das Wort des alten Chilám drang durch die Zeit und erhellte sie für die Augen der Menschen, die verstehen konnten.

Wenn du das Leben deines Landes kennst, Mann des Mayab, mußt du wissen, daß es in den letzten Tagen der Größe einen Propheten gab, der den Namen des Tigers trug und viele Dinge vorhersagte, die in Erfüllung gingen, und andere, die sich im Laufe der Zeit noch nicht erfüllt haben.

Dieser war es, der sagte, daß Schweiß und Blut kommen müßten, und sie kamen, vor Jahren, die kaum zu zählen sind.

Dieses uralte Wort sagt auch, daß die mächtige Fahne des Mayab über den Türmen und Häusern von neuem im Winde flattern wird.

Sie wird sich oben entfalten wie das Band von sieben Farben, das über der Frische des Regens aufleuchtet, und wird die Hoffnung aller, die da hofften, begrüßen.

Sie wird der Sieg derer sein, die glaubten und voll Mut und Reinheit kämpften.

Sie wird sein, was sie in der großen Zeit war: Krone der Liebe für die Liebe ihrer Kinder.

Ah, Mayapán, Mayapán, Banner der

Maya, dein Tag wird kommen! Aber es wird kein Tag des Stolzes und des Zornes sein, denn nicht Hochmut soll dich über dem Blute erstehen lassen!

Es wird nicht der Tag sein, den jene suchten, die es nicht verstanden, damals, als überall der Indio in seiner Blindheit auszog, um die Waffe gegen seine Brüder zu schwingen und Feuer an die Felder seiner Väter zu legen.

Der Tag, der kommen möge, muß ein Tag des Friedens und des Lichtes, der Liebe und der Barmherzigkeit sein, an dem alle die Erde besitzen, um den Körper zu ernähren, und den Himmel, um den Geist zu erheben.

Dann wird der Mayab aus der Knechtschaft getreten sein, weil er sich von sich selbst befreit haben wird.

Kommt, Brüder, lasset uns unser Land der Länge und der Breite nach durchwandern, um zu sehen und zu hören, was es ist und was es sagt.

Unsere Füße werden heiligen Staub berühren und erzittern. Unsere Augen werden von dem Lichte, das im Dunkel der Ferne leuchtet, geblendet werden.

Überall werden wir das lebendige Zeichen des vergangenen und toten Glanzes sehen, und das Schweigen, das redet, wird in unsere Herzen dringen.

Vom Osten zum Westen und vom Norden zum Süden ist dieses Land voll von Zeichen und Verkündigung.

Wie ein mit Gräbern besäter Friedhof ist das ganze große Land der Maya, das seit den Jahren der Jahre traurig ist. Aber noch lebt das Leben in ihm, so wie das blasse Licht noch leuchtet, nachdem die Sonne sich unter der Erde verborgen hat.

Und alles kann strahlend zurückkommen, so wie die Sonne wiederkehrt, wenn die Nacht zu Ende geht.

Lang war die Nacht des Mayab, aber die Sterne hoch oben, die Tränen seiner Kinder, haben sie erhellt.

Erhellt haben sie jene Worte, die aus der Tiefe und dem Dunkel noch immer klingen und welche wie Glühwürmchen sind, die vor den Augen derer, die den Weg nicht sehen, durch die Luft fliegen.

Es erhellen sie auch die weißen Steine der toten heiligen Städte, die heute in Einsamkeit liegen unter den Bäumen des Waldes, die gewachsen sind, um sie zu verbergen und zu bedecken.

So liegt Chichén Itzá, wo die sieben Tempel des Lichtes stehen und das Haus der Männer des großen Geistes.

So auch Uxmál, die kostbare Stadt der Schönheit und der Wunder, wo alles Seele hat und alles redet mit einer feinen, melodischen Stimme, die aus weiter Ferne kommt.

So auch Cobá, das am Ufer seines

blauen Sees schläft, an die Hügel voll Palmen geschmiegt.

So auch Labná, das einem kleinen Juwel gleicht und wo der Bogen der Sieben Anführer in Stein gehauen ist.

So auch Yaaxchilám, die verehrungswürdige Stadt der alten Propheten, mit den Türmen der Geheimnisse und den großen Gesichtern der Götter.

So auch Nachán del Palenque, der Palast des Ruhmes, und Copán, der erloschene Weihrauch, und Kabah, die Kraft der ruhenden Hand, und ebenso Itzmál, der verborgene Glanz.

Ti-hó, dessen Namen man mit Ehrfurcht ausspricht, und Mu-utúl, so übervoll von Anmut, und Ahcancéh, die heilige Stadt des Hirsches und der Schlange – sie alle schlafen jetzt in ihrem eigenen Staube.

Dzibikál, wo die Schriften beendet wurden, und Dzibikák, wo man mit Feuer schrieb.

Zayíl, jene Stadt, in der man nachts verzauberte Musik hört, von der niemand weiß, woher sie kommt.

Und Mayapán, die Fahne, die Festung und die Macht, Mayapán, das den Tempel besitzt, in welchem der Herr Kukulcán, die Schlange mit den Federflügeln, den Mayab auf die höchste Höhe hob, und das auch das Tor zu dem Wege hat, der unter der Erde bis zur Klarheit der Ferne führt.

Von Cuzamíl, der Insel, wo die Schwalben des blauen Meeres fliegen, bis zu Ha-i-ná, der Insel des mütterlichen Wassers, auf der die schimmernden Schildkröten wandern; von Dzilám, erbaut auf goldfarbenem Sande, bis zum Petén der letzten

Itzás – überall werden wir die Reste der größten Majestät und Schönheit, die es auf der Welt gab, finden, und jeden Schritt werden wir auf heiliger Erde gehen!

Auf ihr haben wir und unsere Väter und die Väter unserer Väter geweint. Lange Zeit hat so die Erde des Mayab das Blut und die Tränen ihrer Kinder getrunken.

Schweigend blutet und weint tief innen diese Erde großen Ruhmes und großen Schmerzes!

Aber sie war zäh und fest im Hoffen, denn sie liebt und hat Glauben.

Kinder des Mayab, es ruft und beschwört euch das Herz eures Bruders, der bei euch im Schatten singt wie der Vogel Xkok der schlafenden Felder. Füllt euch mit Helle und erhebt die Seele und richtet den geraden und schnellen Willen nach oben wie einen Pfeil auf dem Bogen.

Die Zärtlichkeit eures Bruders ruft euch und sagt euch, daß die Größe des Mayab neu aufleben muß und unsere

Augen es sehen müssen, wie die Macht seines Geistes aufersteht.

Ruft nicht mehr nach dem Tode, meine Brüder: Empfangen wir das Leben, das unser Sonnenvater auf uns gießt, empfangen wir es und singen wir mit froher Stimme und aus hoffender Brust!

Im Heute werde das Gestern wieder erbaut, und der Mayab erhebe sich neu und glücklich über der heißen Asche der alten Zeit, aus der wir gekommen sind wie der Schaum, den das Meer ans weiße Ufer spült!

«Gewinnet Urteilskraft und eigenes Sein, ihr von Itzá» – so sagte das Wort, das zu seiner Stunde den Wechsel der alten Zeiten verkündete.

Ich komme zu euch und singe mitten in der Nacht und sage euch als euer Bruder:

«Von neuem fliege der Fasan durch die duftenden Lüfte, und der Hirsch springe wieder über die glücklichen Ebenen!

Ausgeteilt sei an euch ohne Maß die Gabe des Glaubens, der erleuchtet, der Hoffnung, die brennt, und der Liebe, die Leben spendet!

Das wird der Tag sein, an dem der Große Mayab, der uns tot scheint, in all seiner Schönheit und all seiner Macht aufersteht!»

Singen und immer wieder singen, daß es so sei, möchte der «Baltzám», der zu euch spricht – das ist der Dichter, der dieses Buch schrieb.

Nachwort

Zwischen dem Golf von Honduras, dem Golf von Mexiko und dem Pazifischen Ozean weitete sich einst, vor vielen Jahrhunderten, eines der wunderbarsten Reiche, von dem wir Kenntnis erhalten haben, das der Maya. Man hat viele seiner Städte ausgegraben, Tempel, Paläste, Monumente, Opfersteine; man hat seinen Kalender entziffert, der genauer ist als alle, die die weiße Rasse je anwendete; man hat sein Observatorium bewundert, das ihm – ohne jegliches Instrument – eine überraschende Kenntnis des Sternenhimmels vermittelte.

Tief hinab in die Vorgeschichte der Menschheit reichen die Forschungen, die vor ein wenig mehr als einem Jahrhundert begannen und heute noch in vollem Zuge sind. Es ist erst wenige Wochen her, seit ich im Urwalde des guatemaltekischen Petén vor den gigantischen Ruinen von Tikal stand, die erst jetzt durch sorgfältige wissenschaftliche Ausgrabungen unserer Kenntnis nahegebracht werden; seit ich, in einem Vorort der Stadt Guatemala selbst, ein Ruinenfeld kennenlernte, das noch der Erschließung harrt; seit ich an zahlreichen Orten von Honduras, El Salvador, Guatemala und Mexiko den Nachkommen jenes großartigen Reiches begegnete, das sich hier, sicherlich weit über ein Jahrtausend lang, ausbreitete und Millionen der ihren Heimat war. Aber sie wissen nichts mehr von ihm, so wenig, wie die Indios rund um den Titicacasee und bei den Ruinen von Tiahuanacu wissen von dem gewaltigen Reiche der Inkas oder gar von jenen, die ihm vorausgingen. Tausend Jahre sind hier wie ein Tag hinabgesunken in die Nacht der Zeiten, in das große Geheimnis, das unser aller Vorgeschichte umgibt.

Tief hinab reichen die Ausgrabungen, sagten wir. Aber noch tiefer, viel tiefer reicht der Mythos. Wenn heute die Welt erstaunt aufhorcht, weil die Bibel «doch recht gehabt hat», also ein Geschichtsbuch ist und kein Geschichtenbuch, dem ein Teil der Menschheit göttlichen Ursprung und übernatürliche Kraft zuschrieb, so steht uns eine ganz ähnliche Entdeckung bevor, sooft wir uns mit den großen Mythen der alten Völker befassen werden: der Odyssee geradesogut wie dem indischen Ramajana, der nordischen Edda und dem Popol Vuh, dem Geheimbuche der Maya.

Als ich mein Buch über «Südamerika, eine Neue Welt» schrieb, ging ich darum vom Mythos aus, um dem Europäer das wahre Wesen dieses neuen und doch so alten Erdteils begreiflich zu machen. Darf ich einige Stellen daraus zitieren? Sie erscheinen mir auch als Nachwort zu diesem vorliegenden Buche von Nutzen: «Ein kalter Nachtwind streicht über das Hochland, über die weite, öde Puna, herab von den Schneegipfeln der himmelragenden Kordillere. An der Lagerstatt ihres jüngsten Kindes sitzt die Indianerin und singt, monoton und mit einem Ausdruck weltvergessener Entrücktheit. Mit großen Augen liegt das Kleine, starrt hinaus in den schmalen Spalt des Eingangs, in die unwirklich weißen Strahlen des Mondes. Langsam schließen sich seine Lider unter dem eintönigen Gesang der Mutter. Und während diese sich nun zum Schlummer niederstreckt, kommt leise die Großmutter an die Seite des Kindes; uralt ist ihr Gesicht, faltig und runzlig, aber noch viel älter sind ihre Augen. Und doch sind es die Augen ihrer Tochter und ihres Enkelkindes. Und die Augen aller Indios, die noch übrigblieben auf den weiten Gefilden des Erdteils, der einst ihnen allein gehörte. Aber älter noch als ihre Augen ist ihr Wissen, ihr Ahnen; in Urtiefen hinab reicht es, und ihrem schlafenden Enkelkinde gibt sie es nun weiter, damit es niemals verlorengehe, solange noch ein Indio wandelt auf der Erde...

Die Uralte spricht, leise und seherisch. Ein Mondstrahl spielt auf dem Gesicht des Kleinen; ein Indio wird er sein wie seine Brüder, arm, schweigsam und hungrig. Aber in seine Träume hat sie eine Erinnerung gesenkt an die Zeit, da die Indios noch groß und frei waren, stark und weise...

Einst waren die Indios frei und stark. Da bauten sie Reiche, errichteten Städte mit Tempeln und Palästen, da opferten sie ihren Göttern in feierlichen Festen, da erzogen sie ihre Jünglinge zur Tapferkeit, ihre Mädchen zur Anmut und zur Güte.

Wie lange ist's her? Niemand mehr weiß es. Dunkler als Asien, dunkler als Europas fernste Vergangenheit liegt Amerikas Vorgeschichte. Nacht breitet sich über Jahrhunderte, über Jahrtausende indianischer Geschichte. Wer waren die ersten Bewohner? Wo kamen sie her? Waren es Mongolen, die über die schmale Brücke der heutigen Beringstraße einwanderten? Waren es Malaien, die auf Booten und Schiffen über die Inselwelt des Pazifischen Ozeans kamen? Oder waren in grauen Vorzeiten Afrika und Amerika eines, verbunden durch das geheimnisvolle Zwischenglied der versunkenen Atlantis? Vielleicht stimmt keine einzige dieser Annahmen; vielleicht gab es menschliche Urrassen in Amerika. Vielleicht aber stimmen sie alle. Für alle scheinen Beweise vorhanden.

Vielleicht gab es wirklich eine ungeheure Völkerwanderung über die Landbrücke im hohen Norden. Mongolen kamen und wurden durch nachdrängende Massen immer tiefer nach Süden gedrängt, über Tausende von Kilometern, durch kalte, gemäßigte, heiße Zonen, durch Wüsten und Wälder, über Ströme und endlose Ebenen. Unvorstellbare Hindernisse müssen sie überwunden haben; grauenhaft muß ihr Kampf gegen die Natur gewesen sein, jahrhundertelang muß er gewährt haben, bis Ruhe eintrat in dieser Wanderung, bis die stärksten Stämme lebensfähiges Klima gefunden hatten und die Schwachen zugrunde gegangen waren in Hitze und Kälte, in Fieber, zerrissen von wilden Tieren, erdrückt von Schlangen, ausgehungert in Wüsten oder rauhen Gebirgen. Oder sich anzupassen lernten, hart wurden und wild wie die Natur.

Aber es gibt Geheimnisse, die mit dieser Annahme nicht gelöst werden können. Warum enthält die indianische Kitschuasprache so viele hebräische Wortwurzeln? Warum ist Guarani ein nur wenig verändertes Ägyptisch? Warum gibt es im Araukanischen, das heute noch vereinzelt in Südchile gesprochen wird, so viele griechische Elemente, die wir – unter Überspringung ganz Südamerikas – lediglich in Mexikos Ursprachen wiederfinden? Warum gleichen andere Indianersprachen oft in so auffallender Weise Negeridiomen des innersten Afrika? Warum gibt es indianische Sprachen, die sehr viel mit Europas geheimnisvollstem Idiom, dem Baskischen, gemein haben? Wie sind viele auffallende Namensgleichheiten in Armenien und im vorkolumbianischen Amerika zu erklären? Und wie reimt sich das alles mit der Tatsache zusammen, daß zwischen vielen indianischen Sprachen und dem Polynesischen enge Zusammenhänge bestehen?

Nacht liegt über Amerikas Urgeschichte. Und es wird wohl kaum je mehr möglich sein, mit Sicherheit Brücken zu schlagen, Licht zu bringen in die fernen Jahrtausende, zu erfahren, zu erklären. Die Atlantis ist im Meer versunken. Vielleicht war damit eine Welt zu Ende. Aber seltsam: das Wort Atlantis ist kein griechisches, es ist auch keiner anderen bekannten Sprache der ‹Alten› Welt entnommen. Nur im Toltekischen, einer der Sprachen des indianischen Mexiko, gibt es die Wurzel ‹atl› und aus ihr gebildete Wörter, die ‹Insel› bedeuten könnten. Es ist nicht der einzige Beweis dafür, daß der Indio älter ist als der Untergang der Atlantis, als das Meerbeben und die Sintflut, die in indianischen wie in so vielen anderen alten Mythen und Legenden immer wiederkehren...»

Als Europa geistig entstand, seine christliche Zivilisation entwickelte, da lagen wohl drei Kulturkreise gleichzeitig auf unserem Planeten: Europa, Asien, Amerika. Fremd lagen sie nebeneinander und wußten nichts von der Existenz der andern. Ahnten nicht, daß irgendwo in grauer Vorzeit Kontakte dagewesen sein müssen, freundliche oder feindliche, Wege über Land oder Meer, ein Strömen von Wissen, und sei es auch noch so primitiv gewesen. Wann? Vor zehntausend Jahren? Vor zwanzigtausend? Wir wissen es nicht mehr.

Die erregendsten Geheimnisse der Menschheit werden wohl nie aufgeklärt werden. Manches lüftet sich unter der beharrlichen Arbeit heldenmütiger Forscher oder durch ein Zufallsgeschenk des Schicksals, aber die Menge des Verborgenen muß unendlich viel größer sein. Und ebenso groß die Gabe des Vergessens, die der Menschheit gegeben ist. Vielleicht liegt gerade in ihr ein Teil der Kraft, die sie zu immer neuen Taten anspornt.

Die Wiederentdeckung der Welt der Maya durch die weiße Zivilisation war ein Ereignis von größter Tragweite. Sie lag von tropischem Urwald überwuchert in Regionen, die von Reisenden so gut wie nie berührt wurden. Da geriet ein Nordamerikaner, John Lloyd Stephens, in das abenteuerliche Land, das sich mit aller Kraft der Erschließung widersetzte: wilde Tiere, ein sumpfiges Klima, undurchdringliche Wälder, todbringende Insekten, wenige, völlig in sich verschlossene Menschen. So bot sich das Land dar, in dem wenige Jahrhunderte früher blühendes Leben geherrscht hatte. Und dort entdeckte Stephens im Jahre 1839 Dinge, die ans Wunderbare grenzten. Es begann die Ausgrabung der Mayawelt, die Wiedererwekkung eines verlorenen Reiches. Copán... Quirigua... Xochicalco... Palenque... Mitla... Uxmál... Chichén Itzá... Kaminaljuyú... Tikal stiegen und steigen langsam aus dem Dschungel, und es ist wie im Märchen: an vielen Orten sind sozusagen die Tische noch gedeckt, auf denen nun seit Jahrhunderten nur Affen und Papageien, Schlangen, Spinnen und Vampire hausten. Mauern sind geborsten, nicht weil sie jemand zerstört hätte oder das Alter sie niederrisse, sondern weil die wild wuchernde Kraft des Waldes sie zersprengte. Aber das meiste war unversehrt. Bauten von großartiger Wucht und höchster Pracht lagen unter dem dichten Blätterwerk eines feuchten, unabsehbaren Dschungels.

Lebten die Nachfahren der Erbauer nicht

noch? Gewiß; sie leben heute noch. Ihre Hautfarbe, ihre Gesichtsform sind die gleichen wie damals, nur ihr Geist ist es nicht mehr. Und was ist die Form ohne den Geist? Eine oder vielleicht zwei Millionen Indios vom Stamme der Maya hausen heute über das Gebiet verstreut, das einst ihr Reich bildete und nun vor allem zu Mexiko, Guatemala und Honduras gehört. Es gibt Waldindios unter ihnen und Bergindios, so wie seinerzeit das Mayareich sich teilte in völlig verschiedenartige Regionen: in das vulkanische Bergland rund um blaue Seen, mit milden Klimas und herzerfreuender Landschaft, und in die Urwälder. Wer heute das guatemaltekische Petén durchstreift oder Teile des mexikanischen Yucatán, kann es sich nicht erklären, wie in solchem Klima und inmitten derartiger Urwälder eine Kultur entstehen und sich halten konnte. Die höchsten Bauwerke von Tikal ragen nicht weniger als siebzig Meter hoch in die Luft, und selbst der Jahrhunderte hindurch ungehemmt wuchernde Wald hat sie nicht gänzlich zudecken können. In Copán scheint das geistige Leben sein Zentrum gehabt zu haben, wie viele Ausgrabungen beweisen. Jede der

Mayastädte muß ihre besondere Bedeutung gehabt haben, ihr charakteristisches Eigenleben inmitten einer gewaltigen Gemeinschaft, von der wir nicht viel mehr wissen.

Das große Reich, aus dessen unerschöpflichem Mythenschatz das vorliegende Buch mit tiefer Einfühlung einige erzählt, bestand noch, als die spanischen Konquistadoren in die Welt Amerikas einbrachen. Ja, die einzigen Quellen, die wir – außer den stummen steinernen Zeugnissen – besitzen und verwerten können, sind solche, die erst nach der Eroberung durch den fremden weißen Mann geschrieben wurden. Enthalten sie die Wahrheit? Sicherlich in den meisten Fällen. Aber wohl nicht «die ganze Wahrheit». Zweifellos hat es im Mayareich Dinge gegeben, die der zum Christentum übergetretene und zum Bischof beförderte Maya Landa nicht hat erzählen wollen. Die Wissenschaft hat harte Vorwürfe an seine Adresse gerichtet, ihn bezichtigt, wertvollste und unersetzliche Dokumente aus der Mayazeit verbrannt zu haben, weil er sie für «Teufelswerk» hielt. Welche Romangestalt, dieser Bischof! Vom christlichen Geiste erleuchtet, schauert es ihn vor der Vergangenheit seiner eigenen Rasse mit ihren blutigen Menschenopfern, den herausgerissenen Herzen aus lebendigen Leibern, den von Felsen in die Tiefe oder Teiche gestürzten Jünglingen, der von noch zukkenden Körpern gelösten Haut, die sich die Priester überwarfen. Aber als Maya lebt in seinem tiefsten, verschlossensten Innern der Stolz des Indios, der die Größe der eigenen Vergangenheit mit jener der weißen Eindringlinge vergleicht und ihnen vieles nicht preisgeben will, da ihre Goldgier, ihre Grausamkeit, ihr Unterdrückungswillen sie der letzten Geheimnisse nicht würdig erscheinen lassen. Der Bischof verbrennt die Dokumente, die nie wieder hergestellt werden können. Vernichtet er die eigene Vergangenheit? Oder rettet er sie?

Man hat eine Zeittafel des Mayareiches aufgestellt mit Hilfe der Angaben, die alle gefundenen Bauwerke enthalten. Man kennt die Chronologie der Maya, aber über die genaue Relation zu unserer Zeitrechnung bestehen Zweifel. Das Mayareich dürfte auf jeden Fall in vorchristlicher Zeit gegründet worden sein. Wo archäologische Untersuchungen nur wenige Jahrhunderte anzugeben scheinen, weist die geologische Methode auf viele Jahrtausende hin. Weit in vorchristlicher Zeit jedenfalls errichteten die Maya bereits große Städte mit gigantischen Tempeln und Palästen. Vielleicht ist Uaxactún die älteste gewesen, vielleicht aber auch Tikal. Bowditch hat eine Zeitrechnung versucht, in der das älteste aufgefundene Mayadatum mit dem Jahre 94 vor Christi gleichgesetzt wird; ein anderer Forscher hingegen, Morley, übersetzt dieses gleiche Datum mit dem Jahre 176 nachchristlicher Rechnung. Aus früherer Zeit haben wir keine genauen Angaben, während von da an einige äußerliche Entwicklungen des Mayareiches nachgezeichnet werden können: die Gründungen von Copán, Piedras Negras, Naranjo, Palenque – alle in jener Zeit, die die Forschung als «älteste Periode» bezeichnet hat. Es folgt eine «mittlere» und eine «große» Periode. Hierauf eine «Übergangszeit», die vom Beginn des siebten bis in die Mitte des zehnten christlichen Jahrhunderts gereicht haben soll.

Sie zeichnet sich durch die Wanderungen aus, von denen Steine wie Zeugnisse vertrauenswürdig zu berichten scheinen. Das «Alte Reich» wird verlassen, der große Zug nach Norden beginnt, von Honduras und Guatemala aus nach Yucatán. Dort stand das «Neue Reich» mit seinen blendenden Hauptstädten Chichén Itzá und Uxmál. Das Neue Reich wird von einigen Forschern wiederum in drei Abschnitte untergeteilt. Der erste reicht von 964 – dem angeblichen Gründungsjahr – bis ins 12. Jahrhundert und ist durch einen starken Städtebund zwischen Chichén Itzá, Uxmál und der politischen Hauptstadt Mayapán gekennzeichnet. In der zweiten Periode wird der mexikanische Einfluß auf das Mayareich vorherrschend. Der Baustil wird durch toltekische Elemente durchsetzt. Die großen Städte liegen in Fehde miteinander, ein Herrscher in Mayapán – Hunacél mit Namen – erobert mit Hilfe der Tolteken Chichén Itzá, angeblich im Jahre 1194. Ein weiteres überliefertes Datum spricht von einer Adelsrevolte unter Führung der Xiu-Familie aus Uxmál, der es im Jahre 1441 gelingt, Mayapán zu erobern.

Damit setzt die dritte und letzte Epoche des Mayareiches ein. Sie ist durch immer tiefere Zerwürfnisse gekennzeichnet, durch eine allgemeine Dekadenz. Als zu Beginn des 16. Jahrhunderts die Spanier kommen, steht ihnen kein Großreich mehr gegenüber. Innerer Zwist und das wohl unvermeidliche Müdewerden eines Volkes nach jahrhunderte- oder jahrtausendelanger Blüte haben es ausgehöhlt. Der kriegerischen Kraft des damaligen Europa und dem christlichen Fanatismus der Konquistadoren kann es keinen Widerstand entgegensetzen.

Die Indios sinken herab zu Knechten auf eigenem Boden. Es beginnt die traurige Epoche, in der einstige Herrenvölker versklavt, gebrochen, vergewaltigt, durch Alkohol und eingeschleppte Krankheiten degeneriert, gedemütigt und durch dauernde Angst hoffnungslos gemacht werden. Wer den Niedergang überlebt, flüchtet fernhin, wohin der Fuß des Weißen nicht gelangt. Nichts bleibt von der Aristokratie der Maya übrig; so wie im Inka-, wie im Aztekenreich wird die geistige und materielle Oberschicht am gründlichsten ausgerottet. Mit ihr verfällt das Wissen, die Kunst. Müde Reste versprengter Völker vegetieren in Regionen, die außerhalb der großen Handelsstraßen liegen. Die Inzucht vervollkommnet den Zusammenbruch. Nur der Mythos lebt in ihnen weiter, überdauert Generationen, schafft ein

Band der Zusammengehörigkeit, das niemals zerreißt und den Seelen Trost und Stütze gewährt.

Die Geschichte der karibischen Region, an deren blauen Wassern die Städte der Maya standen, geht äußerst bewegt weiter. Nun wird sie nicht nur von mehreren Ländern begehrtes Kolonialgebiet, sondern vor allem Piratenstützpunkt. Schlupfwinkel an den palmenbestandenen Küsten, Verstecke auf den vorgelagerten Inseln bilden das Reich der Seeräuber, die hier ihre Totenkopfbanner aufpflanzen und ihre so abenteuerlich zwischen Politik und Geschäft schwankende Tätigkeit ausüben. Und beide: Kolonialmächte und Seeräuber, bringen Negersklaven aus Afrika und siedeln sie hier an, wo sie prächtig gedeihen. Während das indianische Leben immer weiter zurückgedrängt wird, entfaltet sich die schwarze Rasse im neuen Lande, das dem ihren so ähnlich ist. Bald haben die Indios nicht nur die Überlegenheit der Weißen zu spüren, sondern auch die der Schwarzen, die in allem gelehrige Schüler der Europäer sind. Tragisches Schicksal einer Rasse, so hinabgeschleudert zu werden aus stolzer Höhe und bewußt seinem eigenen Untergang beizuwohnen.

Aber auch die Tragik hat ihre Grenzen, im Zeitlichen wie in der Intensität. Der Indio überlebt die dunkelste Nacht seiner Leiden. Wer heute von Amerika spricht und sich auf jenen Teil bezieht, der sich von Mexikos Nordgrenze aus südwärts über Zehntausende von Kilometern bis zur Antarktis erstreckt, wendet nur noch ungern jenes Wort an, das der Sprachgebrauch des 19. Jahrhunderts einbürgerte: Lateinamerika. Viel öfter und bewußter hingegen taucht ein Begriff auf, hinter dem eine Idee steht: Indoamerika.

Es ist der uralte Erdteil des Indios, der sich überall zu regen beginnt. Keine Rache schwebt ihm vor, denn zu viel weißes Blut ist mit dem seinen während eines halben Jahrtausends zusammengeflossen. Aber er will teilhaben an seinem Erdteil, am Geschick seiner Brüder und Halbbrüder, am Los der Weißen, der Mestizen, der Neger, der Mulatten, die in einer Mischung, wie sie in geschichtlichen Zeiten wohl noch nie da war, den Erdteil bevölkern. Die gewaltige mexikanische Revolution zu Beginn unseres Jahrhunderts war im tiefsten Grunde eine indianische Bewegung. Die bolivianische Volkserhebung der vierziger und fünfziger Jahre hat den gleichen Sinn. Alle Unruhe, die heute Amerikas indianische Länder befällt, ist letzten Endes eine einzige große Revolte, ein einziges Erwachen, in dessen Mittelpunkt der Indio steht.

Vielleicht träumt er bereits von seiner eigenen Welt, die da wiederkehren wird, wie ihm einst verheißen ward. Seine Malerei, seine Musik, seine Dichtung, seine Bildhauerkunst sind in den letzten Jahrzehnten auffallend in den Vordergrund gerückt. Er ist aus seiner Lethargie erwacht, er ist kein dumpfes Werkzeug Fremder mehr. Abgründe trennen ihn vom Materialismus der weißen Rasse, von ihrem Denken und Fühlen. Jahrhunderte vom Grad ihres Wissens. Kann es noch einmal eine indianische Welt geben? Kein Mayaherrscher wird wohl je wieder in Tikal oder in Chichén Itzá regieren, so wie kein Inka mehr von Cuzco aus seinem Reiche gebieten wird. Nichts kehrt wieder. Und doch kommt alles wieder auf unserer Erde, umgeformt, auf anderer Ebene, in anderem Gewande. Die Welt des Indios ist nicht tot. Sie hat nur lange geschlafen.

Nun erwacht sie langsam, in einer ganz anderen Epoche und vermischt mit zahllosen Einflüssen, die sie nicht aufsaugen konnte und die sie sich selbst einverleibt hat – vielleicht so wie vor Jahrtausenden, als das Mayareich begann, es gemischt war mit einer Fülle von Elementen, die wir heute nicht mehr kennen.

Der Mythos allein reicht in Urtiefen hinab. Alles, was Du in diesem Buche gelesen hast, europäischer Leser, ist dereinst, in grauen Vorzeiten, auf amerikanischem Boden gelegt worden. Erinnert es Dich an Sagen, an Legenden anderer Völker, anderer Weltteile? Wir wissen nicht, wie es entstanden, nicht, welche geheimnisvollen Wandlungen und Wege es durchgemacht hat. Es sickerte durch den Boden der Zeiten, gereinigt, geläutert, durch die geheimnisvolle Reihe der Geschlechter, die da geboren werden, ihre Lebensbahn durchmessen und absterben nach einem ewigen, ewig unerforschlichen Gesetz, dem die Maya so untertan waren, wie wir es sind.

Kurt Pahlen

Inhalt